FACULTÉ DE DROIT DE PARIS

DE LA SÉPARATION
DES PATRIMOINES
EN DROIT ROMAIN

DE LA CONVERSION
DE LA
SÉPARATION DE CORPS EN DIVORCE
EN DROIT FRANÇAIS

THÈSE POUR LE DOCTORAT

PAR

Michel SALOMON

AVOCAT A LA COUR D'APPEL

PARIS

LIBRAIRIE NOUVELLE DE DROIT ET DE JURISPRUDENCE

ARTHUR ROUSSEAU

ÉDITEUR

14, Rue Soufflot et rue Touillier, 13.

1886

DE LA SÉPARATION

DES PATRIMOINES

EN DROIT ROMAIN

DE LA CONVERSION

DE LA

SÉPARATION DE CORPS EN DIVORCE

EN DROIT FRANÇAIS

THÈSE POUR LE DOCTORAT

L'ACTE PUBLIC SUR LES MATIÈRES CI-APRÈS

Sera soutenu le mardi 13 avril 1866, à 1 heure 1/2

PAR

Michel SALOMON

AVOCAT A LA COUR D'APPEL

Président : M. BUFNOIR.

Suffragants : MM. LABBÉ, professeur.
GLASSON id.
LE POITTEVIN, agrégé.

PARIS

LIBRAIRIE NOUVELLE DE DROIT ET DE JURISPRUDENCE

ARTHUR ROUSSEAU

ÉDITEUR

14, Rue Soufflot et rue Touillier, 13.

—

1886

A MON GRAND-PÈRE

A MA MÈRE

A MA SŒUR

DROIT ROMAIN

DE LA SÉPARATION
DES PATRIMOINES

INTRODUCTION

Notion sommaire des *bonorum separationes.*

Deux patrimoines autrefois distincts viennent-ils à s'unir en une seule masse juridique, aussitôt des intérêts peuvent être froissés, et des réclamations peuvent s'élever contre les conséquences dommageables de cette confusion. Un patrimoine, en effet, est un composé de deux éléments : actif et passif; le premier servant à faire face au second. Si dans chacun des deux patrimoines qui ne forment désormais qu'une seule masse, le premier élément est supérieur au second, aucun intérêt ne sera lésé. Mais dès que dans l'un le passif l'emporte sur l'actif, aussitôt le patrimoine unique, qui résulte de cette confusion, avec l'ensemble des dettes réunies, nous met en présence d'un titulaire insolvable, ou au moins grevé de charges considérables, à son détriment, ou au détriment des créanciers.

Il est vrai que, quant à ce titulaire lui-même, en principe, il a accepté cette situation nouvelle ; et par conséquent on peut lui appliquer la maxime : *Volenti non fit injuria.* Aussi ne sera-ce que Justinien, qui, en créant le bénéfice d'inventaire, lui donnera le moyen de se soustraire aux conséquences préjudiciables d'un acte de libre volonté. Mais souvent aussi cependant, c'est bien malgré lui que l'héritier se trouve chargé d'un fardeau onéreux : dans ces circonstances il est juste de venir à son aide.

C'est surtout vis-à-vis de chacune des deux masses de créanciers que la confusion produira des effets injustes. Lorsque les deux patrimoines étaient encore distincts, les créanciers de chacun d'eux se faisaient payer sur une somme de biens à laquelle ils avaient droit, et si l'une des masses était solvable les créanciers de cette masse recevaient un paiement intégral. N'est-il pas injuste de faire supporter à ces personnes l'insolvabilité d'un patrimoine dans lequel leur gage va se trouver confondu ?

Nous ne croyons pas qu'il ait été dans la pensée des rédacteurs des XII Tables, de remédier à ces inconvénients.

Un seul homme ne peut avoir deux patrimoines. Tous ses biens, de quelque source qu'ils lui soient advenus sont confondus et répondent de toutes ses dettes. Or le droit romain présente ce caractère, qu'une fois formulé par les lois primitives et surtout dans la loi des XII Tables, il est en quelque sorte immobilisé. Ses principes subsistent presque tous jusqu'à la grande réforme de Justinien. Aussi n'est-ce pas dans le droit civil proprement dit que nous trouverons le remède à la confusion des patrimoines.

Mais à côté du droit civil se développent à Rome d'autres conceptions juridiques qui ont pour but d'atténuer ce que le droit primitif avait d'excessif, de mettre ce droit en rapport avec les besoins d'une société plus développée, et de donner satisfaction aux sentiments d'équité qui semblent se mieux dégager avec la civilisation. C'est le préteur qui devient l'instrument de cette œuvre, et c'est dans les réformes qu'il introduit que nous trouvons la *séparation des patrimoines*, c'est-à-dire le remède aux inconvénients produits par la confusion, par l'unité de la personne juridique.

Pour le préteur, l'idée qu'une même personne peut se trouver à la tête de deux patrimoines, représenter deux masses d'actif et de passif, n'est plus une idée étrange.

Sans doute dans ses attributions, le préteur, magistrat supérieur chargé d'assurer l'application des lois, ne peut directement faire disparaître un principe du droit civil. La confusion juridique continue donc de subsister en droit, l'action dirigée contre celui qui est débiteur en vertu du droit civil est toujours recevable, les différents créanciers pourront toujours saisir et mettre en vente le patrimoine entier. Mais en fait, quand il s'agit de statuer sur la contestation, le préteur avant de délivrer l'action donne un moyen de défense à celui qui est actionné, ou bien il met en possession des biens provenant d'un patrimoine les créanciers qui en équité y peuvent seuls prétendre. Tout cela se fait au moyen de la *bonorum separatio*, de la distinction de deux patrimoines réels sur la tête d'une seule personne (1).

Une étude rapide des différents cas dans lesquels

---

1. Cette idée prétorienne de la distinction entre deux classes de créanciers et deux masses de biens, n'a pas absolument passé dans notre droit moderne. Il n'y a, à l'heure actuelle, qu'on admette ou non que la séparation des patrimoines constitue un véritable privilège, qu'une seule masse de biens appartenant à l'héritier, débiteur commun de ses créanciers personnels et des créanciers héréditaires. Mais la loi établit au profit de ces derniers une cause de préférence dont chacun d'eux peut user, individuellement, sur tout ou partie des biens provenant de la succession : en sorte que le caractère collectif de la séparation des patrimoines semble avoir disparu dans notre droit français (arg., 2111, C. civ.).

la séparation des patrimoines était accordée nous
fera comprendre plus exactement encore et le procédé employé par le préteur, et l'étendue de ses
réformes.

I. *Adition d'hérédité*. — C'est d'abord en cas de
succession ordinaire dévolue à un insolvable que le
préteur vient au secours des créanciers héréditaires.
Ce cas était particulièrement intéressant, et le magistrat n'avait ici qu'à faire application d'une idée
familière aux Romains : *non intelliguntur bona nisi
deducto œre alieno* (L. 39 § 1, Dig. *de Verb. sign.*).
Par application de cette idée l'héritier, et par conséquent ses propres créanciers, ne peuvent prétendre retirer un avantage quelconque tant que les
créanciers héréditaires n'ont pas été désintéressés.
Si le *de cujus* vivait encore, dira le préteur, ou
même si seulement sa succession était encore non
acceptée, son patrimoine répondrait du paiement
de ses dettes, les créanciers de l'héritier se feraient
payer sur les biens de leur débiteur. Il n'y a pas
dans ce cas d'injustice. On supposera donc comme
encore distincts, séparés, deux patrimoines qui
sont unis sur la même tête.

II. *Héritier nécessaire*. — Lorsque le patrimoine
est transmis au décès à une personne qui fait partie de la *familia* du *de cujus*, les Romains voient
dans ce fait, non pas une acquisition au profit de

l'héritier, mais en quelque sorte le maintien d'un droit dont l'héritier était déjà titulaire, et dont l'exercice était remis au chef de famille. Cette idée explique la théorie des héritiers siens et nécessaires, c'est-à-dire des successions laissées à une personne qui se trouve sous la puissance paternelle du défunt au moment du décès.

Sans doute, pour l'héritier nécessaire, c'est-à-dire l'esclave du défunt qui devient libre et héritier en vertu même du testament, cette idée ne semble pas exacte, puisque de son vivant l'esclave ne pouvait être considéré comme co-propriétaire du patrimoine du maître. Cependant les Romains voient dans l'affranchissement d'un esclave un fait voisin de la procréation de l'enfant légitime ; et l'esclave qui devient libre au moment même de la mort du testateur, continuera la personne du défunt presque au même titre que le fils de famille qui devient *sui juris* par le décès de son père.

De cette théorie, les Romains ont tiré la conséquence suivante : c'est que ces deux classes d'héritiers ne peuvent pas plus répudier la succession qui leur est dévolue, qu'une personne ne peut abandonner son patrimoine afin de ne pas payer ses dettes. Donc, dans la rigueur du droit civil, tout ce que l'héritier possède, tout ce qu'il pourra acquérir dans la suite, servira à désintéresser les créanciers héréditaires, et tout cela sera vendu au nom de l'héritier qui encourra ainsi l'infamie, résultat inévitable de la *bonorum venditio*.

Double résultat injuste auquel les héritiers siens et nécessaires, qui ne doivent pas leur liberté au *de cujus*, échapperont par le *jus abstinendi*. Quant aux héritiers nécessaires, ils seront moins bien traités par le magistrat et n'auront droit qu'à la *bonorum separatio* (1).

Lorsque les créanciers du défunt feront saisir les biens de son héritier nécessaire, ce dernier pourra s'adresser au préteur et lui demander de distinguer en lui deux qualités juridiques, en tant que représentant le défunt et en tant qu'homme devenu libre. Parmi ses biens, les uns

---

1. Le *jus abstinendi* et la *separatio bonorum*, accordés par le préteur à des héritiers saisis malgré eux d'une hérédité dont ils ne veulent pas, diffèrent entre eux à beaucoup de point de vue. Pour l'esclave, moins digne d'intérêt dans l'esprit des Romains, le préteur use du mode général employé par lui pour remédier aux inconvénients de la confusion de deux patrimoines. Le fils de famille aura droit à un bénéfice particulier. La séparation distingue deux masses de biens dans le patrimoine de l'affranchi ; le *jus abstinendi* fera considérer la confusion comme ne s'étant opérée à aucun point de vue. Aussi de là plusieurs conséquences : la séparation doit être demandée ; le *jus abstinendi* appartient de plein droit à l'héritier qui a soin de ne pas s'immiscer. La séparation distingue deux masses de biens, mais dont l'une comme l'autre sera vendue au nom de l'héritier ; dans le *jus abstinendi* les biens sont vendus au nom du défunt, qui ainsi, à l'époque classique, encourt l'infamie.

lui appartiennent en la première qualité, les autres lui sont advenus parce qu'il est libre et non successible. Que les premiers servent à payer les créanciers qui ne peuvent le poursuivre qu'en sa qualité d'héritier, les seconds lui resteront pour être au besoin le gage de ses créanciers personnels. Naturellement dans les premiers on comprendra tous les biens qui proviennent même indirectement de la succession, tels que le part d'une esclave héréditaire, les biens d'un affranchi latin mourant après le décès de son patron (1).

L'idée qui semble avoir guidé le préteur dans ce cas, nous paraît être la suivante : l'esclave aurait peut-être acquis sa liberté sans le testament qui lui est si onéreux ; dans cette circonstance il aurait pu véritablement se créer un patrimoine propre ; sa

1. Dans la loi 1 § 18, à notre titre, Ulpien déclare que l'esclave devenu héritier nécessaire, comprend parmi ses propres biens ce qui peut lui être dû par le testateur. « *Et si quid ei a testatore debetur.* » Comment expliquer l'existence d'une dettre entre le maître et l'esclave ? « *Quos in potestate habemus, eis debere non possumus* » (Gaius, II, § 244). On ne peut évidemment trouver l'explication dans l'administration d'un pécule remis à l'esclave par le maître, ce pécule et toutes les créances qu'il comprend formant le gage des créanciers du maître. On peut supposer qu'Ulpien fait allusion à un legs sous condition mis à la charge du maître au profit de son esclave. Les Sabiniens admettent la validité d'un tel legs pour le cas où la condition ne se réalise qu'après que l'esclave est devenu libre (Gaius, II, § 244). Cette opinion est celle qui a prévalu en droit romain (Inst. l. II, t. XX, § 32).

personnalité en tant qu'homme libre n'est donc pas intimement liée à sa qualité de représentant du défunt.

III. *Pecule castrens*. — A Rome, à l'origine, le fils de famille ne peut rien acquérir pour lui-même. Tout ce qu'il acquiert appartient à son père. Est-ce à dire que le fils n'a point de personnalité juridique, ne peut avoir de patrimoine ? Non ; le fils de famille peut en contractant devenir débiteur, et le créancier sera muni d'action par le droit civil.

A partir de l'empire, le droit romain devient moins rigoureux pour le fils de famille, qui peut désormais avoir des biens sous le nom de *pecule castrens*. Ce pécule comprendra tout ce que le fils acquerra à l'occasion du service militaire (L. 11, Dig. *de Cast. pec.*). Relativement à ces biens, le fils de famille est réputé *paterfamilias* (L. 2, Dig. *ad Sen. Maced.*). Par conséquent, toute dette contractée par le fils peut être payée sur le prix de ce pécule.

Après l'acquisition d'un *pecule castrens*, le fils n'en reste pas moins sous la puissance paternelle. Sa personnalité juridique reste ce qu'elle était, mais une nouvelle personnalité est venue en quelque sorte se juxtaposer sur la première. De là conflit de prétentions entre les créanciers de cette personne. Les uns sont devenus créanciers avant l'acquisition du pécule, les autres ont contracté depuis que ces biens ont pu être considérés comme un gage sur lequel le *paterfamilias* ne peut mettre la main. Ces derniers émettent la prétention de se faire, payer sur les biens du pécule par préférence aux créanciers antérieurs. Nous avons traité, disent-ils, avec notre débiteur en tant que propriétaire d'un *pecule castrens*, et jouant vis-à-vis de ce pécule le rôle d'un *parterfamilias* ; nous n'avons pas le même débiteur que vous, créanciers antérieurs, qui avez traité avec un *filiusfamilias*. Donc pas de concours possible.

Cette prétention est-elle fondée en droit ? Ulpien (L. 1, § 9, Dig. *de sep.*) accorde aux créanciers postérieurs le droit de demander la *bonorum separatio* contre les créanciers antérieurs. On a dit qu'il s'agissait ici de la séparation des créanciers et non point des biens. Cependant si on analyse cette séparation, on y voit, comme dans les autres, deux patrimoines ; mais dans l'un, le côté actif équivaut actuellement à zéro.

Le texte d'Ulpien a fait naître plusieurs questions :

La même solution est-elle applicable aux créanciers des autres pécules que peut posséder un fils de famille ? Ces pécules qui ne proviennent pas du père sont au nombre de deux : le *pecule quasi-castrens*, le *pecule adventice*. Le premier comprend ce que le fils acquiert à l'occasion d'une charge du palais ; le second finit par englober tout ce qui ne tombe pas dans les *pecules castrens* ou *quasi-castrens*, et ne vient pas cependant du père. Cela posé, la réponse à la question nous paraît simple. Il faudra appliquer par analogie de motifs juridiques, la solution d'Ulpien au *pecule quasi-castrens* (1), et ne pas l'appliquer au *pecule adventice*. Ce dernier pécule, en effet, est le noyau du patrimoine général du citoyen romain, patrimoine qui répond absolument de toutes ses dettes.

2° Ulpien termine son texte par la phrase suivante : « Item si quid in rem patris versum est : forte poterit et creditori contradici, ne castrense peculium inquietet, cum possit potius cum patre experiri ». Voici l'hypothèse prévue dans ce texte. Les actes faits par le fils peuvent profiter au père ; dans ce cas le créancier peut s'adresser au *paterfamilias* dans la limite de l'enrichissement de ce dernier. En droit le créancier pourrait s'adresser au fils ; mais Ulpien pense qu'il est préférable qu'il s'adresse au père par l'action *de in rem verso* quand cela lui est aussi avantageux, et permet avec hésita-

---

1. On objecterait vainement à cette solution qu'Ulpien, en ne parlant que du *pecule castrens*, semble exclure le *pecule quasi-castrens*. Cette objection n'aurait aucune valeur, puisque ce dernier pécule n'a été créé que par Constantin (L. 1, code 12, 31). La mention du *pecule quasi-castrens* dans la loi 7 § 6, Dig. 39. 5 est interpolée.

tion aux autres créanciers du pécule de l'écarter. Il
n'a aucun intérêt à ne point s'adresser au père, et
on ne doit pas tenir compte de sa mauvaise volonté.
Cette solution d'Ulpien, toute de circonstance, ne
se rattache à aucun principe, et ne mérite peut-être
pas à ce point de vue toutes les critiques dont elle
a été l'objet.

IV. — *Héritier fiduciaire.* — L'héritier fiduciaire
est celui qui a été institué par le testateur, mais à
la charge de restituer à un fidei-commissaire l'hérédité elle-même. A l'origine la restitution ne pouvait pas faire du fideicommissaire un représentant
du défunt, et d'un autre côté, elle n'enlevait pas à
l'institué la qualité d'héritier. Il pouvait donc être
exposé aux poursuites des créanciers héréditaires,
sauf à se faire indemniser par le fidei commissaire
si ce dernier est solvable (Gaius, II, § 252). Le senatus-consulte Trébellien rendu sous le régne de
Néron permit à l'institué de repousser toute demande des créanciers après avoir restitué l'hérédité. Il
était protégé par l'exception *restitutœ hœredidatis*, mais
seulement après avoir fait cette restitution, il restait donc exposé aux conséquences de son adition,
si le fideicommissaire ne pouvait ni ne voulait
accepter.

Lors donc qu'un héritier grévé de fideicommis ne
voudra s'exposer à aucune perte, il fera bien de ne

pas accepter une hérédité qu'il pourrait croire insolvable. Mais comme tout le testament tomberait par suite de cette répudiation le fideicommissaire croyant la succession bonne pourra s'adresser au préteur qui donnera ordre au fiduciaire de faire adition d'hérédité. Ces prémices étant posées, il est facile d'entrer dans l'étude du texte de notre loi 1, § 6 au titre *de separationibus*.

Il peut arriver, dans des circonstances exceptionnelles, que le fiduciaire après avoir sur l'ordre du préteur fait adition d'hérédité ne puisse restituer (1). L'équité exige que l'on vienne au secours de cette personne qui n'a joué que le rôle d'héritier fictif, et uniquement dans le but de maintenir les effets du testament. Aussi le préteur accorde-t-il à cet héritier le bénéfice de la *bonorum separatio*. De telle sorte que les créanciers héréditaires ne pourront que faire vendre les biens du défunt, *ac si heres ei non extitisset* (L. 11, § 2, D. 36, I). Si le fiduciaire n'use pas du bénéfice que lui accorde la loi, ses créanciers pourront l'invoquer dans leur intérêt. La confusion des patrimoines n'ayant été que fictive, peut être repous-

---

1. Dans quels cas cette restitution est-elle impossible ? Dans la loi 11, § 2. D. 36, I. Ulpien nous indique un de ces cas, le fidei commissaire meurt avant que la restitution puisse être faite. Ne pourrait-on pas encore y ajouter le cas ou le fiduciaire mieux éclairé sur la situation de l'hérédité, se cacherait dans le but de rendre impossible la restitution ?

sée par tous ceux à qui elle causerait un préjudice. Il n'y a donc pas à distinguer entre les créanciers antérieurs ou postérieurs à l'adition d'hérédité.

V. *Affranchie*. La loi 6 § 1 à notre titre indique encore un cas de séparation. Une affranchie a été instituée par un insolvable et a obtenu la *bonorum possessio secundum tabulas*. On se demande s'il y a lieu de séparer ses biens des biens héréditaire. Voici la décision : « Respondit : non est iniquum succurri patronæ, ne oneraretur ore alieno, quod liberta retinendo bonorum possessionem secundum tabulas contraxerit ». (L. 6 § 1 *in fine* D. *h. t.*) Il est juste de permettre au patron de faire distinguer dans les biens de son affranchie deux patrimoines ; celui de l'hérédité et un patrimoine général, pour ainsi dire.

Dans quelles circonstances et à quelles conditions le patron peut-il demander la séparation des biens? Plusieurs solutions ont été proposées. Suivant certains interprètes il n'y aurait dans notre loi qu'une application sous une forme spéciale des action *Calvisiana* et *Faviana*, qui permettent au patron de faire révoquer les actes frauduleux accomplis par l'affranchi dans le but de porter atteinte à la part légitime du patron. De cette idée découleraient deux conséquences. Il faudrait 1° que l'affranchie ait agi frauduleusement. 2° que le passif de la succession insolvable soit assez considérable pour porter atteinte

à la part légitime du patron. Mais on se demande
quelle utilité le patron peut retirer du droit à la
bonorum séparatio qui ne dure que cinq ans, tandis que les actions *Calvisiana* et *Faviana* sont per-
pétuelles.

Nous pensons donc que Julien accorde un bénéfice particulier au patron. Il s'agit dans le texte d'une
affranchie, c'est-à-dire d'une personne soumise à la
tutelle perpétuelle du patron. L'affranchie qui a
demandé la *bonorum possessio*, a agi sans consulter le
patron ; elle a fait un acte contraire à l'autorité du
patron, puisqu'elle n'aurait pu faire adition d'hérédité qu'avec l'*auctoritas* de son tuteur. En conséquence le patron peut tenir cet acte comme non avenu
en faisant séparer le patrimoine héréditaire des autres biens de l'affranchie(1). A quel moment se présentera cette demande ? Beaucoup d'auteurs pensent que
ce sera après le décès de l'affranchie quand le patron
sera appelé à son hérédité. On peut encore supposer,
pensons-nous, que l'affranchissement a été révoqué
pour cause d'ingratitude, et que les biens de l'affranchie sont rentrés dans le patrimoine du patron.
Evidemment il est nécessaire que ces faits se pro-
duisent à une époque assez rapprochée de l'ouver-

---

1. Cette raison indique bien que la solution de Julien doit être
restreinte au cas où il s'agit d'une affranchie.

ture de la première succession, afin qu'il n'y ait pas confusion matérielle des biens,

VI. *Fisc.* — Voici maintenant un cas particulier de *bonorum separatio* qui n'est pas prévu à notre titre. Il en est question dans la loi 3 § 4. Dig. Liv. 4, t. 4. Dans ce texte, Ulpien se demande si le préteur viendra au secours du fils de famille mineur de 25 ans. Oui si le fils est actionné comme débiteur direct ; non si le père est poursuivi par l'action *de peculio* bien que cependant le fils puisse être intéressé à la conservation du pécule. « Utputa si patris ejus bona a fisco propter debitum occupata sunt nam peculium ei ex constitutione Claudii separatur. » En vertu d'une constitution de l'Empereur Claude, on n'enlève pas au fils le pécule qui lui a été remis par son père, quand les biens de ce dernier sont occupés par le fisc pour cause de dette. Les biens du pécule sont séparés des autres bien paternels.

Faut-il donner la même solution à l'encontre des autres créanciers du père ? Oui, a-t-on dit, le fisc étant le créancier le plus privilégié. Nous préférons voir là une largesse impériale qui ne peut être étendue. En réalité les biens du pécule font partie du patrimoine paternel et sont à la disposition du père, et par conséquent doivent être considérés comme étant le gage de ses créanciers.

Faut-il même étendre cette décision à tous les

cas où les biens d'un citoyen romain sont absorbés par le fisc. La loi 1, § 4, Dig. 15, 2, qui est du même Ulpien, étudiant le cas où l'action *de peculio* devient annale, déclare que : « si patris deportatione sui juris fuerit effectus filius, de peculio intra annum fiscus tenebitur. » Dans ce cas le pécule n'est pas laissé au fils. Dans cette hypothèse il s'agit d'un père qui a été déporté et la rigueur soupçonneuse des Empereurs s'étend à toute la famille. On pourrait peut-être dire aussi que cette dernière loi suppose que le fils n'a pas invoqué la constitution de Claude.

VII. *Substitution pupillaire*. — On a encore voulu voir un cas de séparation des patrimoines dans la théorie de la substitution pupillaire. Un *paterfamilias* peut, en faisant son testament, donner un héritier testamentaire à son fils, pour le cas où il mourrait impubère. Du reste il n'est aucunement besoin que le fils soit institué par son père, ni que le substitué ait été institué lui-même par le testateur. Dans certaines circonstances spéciales, nous dit Papinien : « justius enim prætorem facturum existimo, si fratri (*impuberis*) separationem bonorum patris concesserit. » (L. 12. D. *de vulg. et pupill. subst.*) S'agit-il là d'une véritable séparation des patrimoines ? Non, mais d'une autre question aussi controversée.

Voici l'hypothèse prévue par Papinien. Un père institue un de ses fils, exhérède le second, auquel il donne en même temps comme substitué pupillaire l'institué. L'institué, héritier sien s'est abstenu (1), puis l'impubère vient à mourir après avoir recueilli des biens provenant d'une succession qui lui est échue. Dans ce cas l'institué pourrait-il recueillir les biens de l'impubère sans être exposé au paiement des dettes du *paterfamilias*. On ne voit pas comment la question de séparation peut se poser puisque jamais les deux patrimoines du père et de l'impubère n'ont été confondus sur la tête de l'impubère. La raison de la difficulté provient d'un principe admis par certains jurisconsultes romains : l'unité du testament du père avec la substitution, unité telle que le substitué ne peut recueillir l'une sans l'autre (L. 59, D. 29, 2). C'est là l'unique question qui se pose et que Papinien résout en faveur du frère institué. Il faut dire avec Ulpien et Marcellus qu'il en serait de même si le substitué était un *extraneus*, pourvu que le fils impubère ait été institué, et se soit abstenu. Cette solution est repoussée, il est vrai, par Julien et Javolenus (V. L. 42, pr. Dig.

---

1. Cette abstention ne fait pas tomber la substitution, puisque en droit civil le *suus* qui s'est abstenu reste néanmoins héritier. S'il s'agit d'un *extraneus* qui refuse de faire adition d'hérédité la solution serait différente.

29, 2, et Loi 28. Dig. 42, 5). Mais elle est repoussée toujours en vertu de l'idée d'unité de testament, tandis que Papinien, Paul et Marcellus n'admettent pas cette idée dans toute sa rigueur. Comment cette controverse prit-elle fin ? Justinien (L. 20, Code VI, 30) semble revenir au principe posé par Nératius : « Placuit enim nobis, sive in institutione, sive in pupillari substitutione, ut vel omnia admittantur, vel omnia repudientur. » Quoiqu'il en soit de cette question en dehors de notre sujet, il est facile de voir que dans ces cas il ne s'agit point de la véritable théorie de la séparation des patrimoine.

Nous avons sommairement passé en revue les cas dans lesquels on accordait la séparation des patrimoines. Il était sans doute fort intéressant dans la pratique romaine d'étudier en détail tous les cas de séparation, quelle que fût la cause qui amenait la confusion de deux patrimoines en un seul. Aujourd'hui cet intérêt a disparu puisque dans notre droit on ne trouve plus pour cause de la confusion des patrimoines que l'acception d'une succession. Aussi ne nous occuperons-nous plus désormais de ces questions.

Par contre, la séparation des patrimoines du défunt et de l'héritier a conservé son application. Il nous a donc semblé qu'une étude attentive de cette institution ne serait pas inutile même à l'heure actuelle. Sans doute un grand nombre de décisions des jurisconsultes romains ne seront pas applicables, sans doute surtout, il nous importe peu, dans la pratique judiciaire, de savoir comment concilier les textes du Digeste, quelquefois inconciliables : mais en creusant ces questions, en examinant les raisons mêmes des controverses entre les jurisconsultes romains, on pénètre mieux dans l'esprit de l'institution, et on nous semble mieux préparé pour donner une solution aux questions qui s'agitent aujourd'hui sur la séparation des patrimoines, malgré les modifications qu'elle a pu subir dans notre droit français.

Nous diviserons notre étude en quatre chapitres. Dans un premier nous rechercherons quelle était à Rome la procédure à suivre pour obtenir la séparation. Puis nous nous demanderons quelles personnes pouvaient l'obtenir, contre qui elle était accordée, quels biens elle frappait. Le chapitre troisième sera consacré aux causes d'extinction du droit de demander la séparation. Enfin dans le chapitre quatrième et dernier, nous déterminerons les effets produits par cette institution.

DE LA

SÉPARATION DE BIENS HÉRÉDITAIRES

CHAPITRE I

DE LA PROCÉDURE A SUIVRE

La séparation des patrimoines se présente comme un moyen d'éviter les injustices résultant de la confusion juridique de deux patrimoines dont l'un est insolvable. C'est un débat entre les créanciers de chacune des deux masses de biens. Ce débat ne présentera, le plus souvent d'insérêt pratique qu'au moment où l'on vendra les biens d'une personne pour se faire payer sur le prix qui en proviendra. Cet intérêt ne se présentera donc qu'au moment de l'expropriation forcée et comme un incident de la procédure.

Cette idée théorique, qui résulte des expressions employées par les textes traitant de la *separatio bonorum*, est encore confirmée par la place que cette institution occupe soit au Digeste, soit au Code. Au Digeste le titre *de bonorum separationibus* vient immédiatement après les titres relatifs à la cession de biens à l'envoi en possession au profit des créanciers, à la vente des biens par autorité de justice. Au Code, le même titre (Liv. VII, Tit. 72) est consacré à l'envoi en possession, à la vente et à la séparation des patrimoines.

Si maintenant nous nous demandons à quel moment de la procédure intervient la demande de séparation des patrimoines, la question est plus délicate : il convient même de dire que sur ce point nous en sommes réduits à des conjectures. Cependant l'étude sommaire de la vente des biens d'un débiteur va nous indiquer à quels moments les créanciers du défunt pouvaient intervenir dans l'instance et invoquer le droit qui leur appartenait.

Quand une personne était condamnée et ne pouvait payer ; quand, même sans avoir été condamnée, une personne se cachait dans un but de fraude, pour éviter une condamnation, ses créanciers pouvaient faire vendre en masse ses biens (Gaius, III. § 78). Cette vente en masse, imaginée par le préteur Rutilius, avait remplacé la vente du débiteur lui-même *trans Tiberim* (1). Le premier acte de cette

---

1. Il nous paraît évident que quand les créanciers pour se faire payer, n'avaient d'autre ressource que de se saisir de la personne de leur débiteur, le faire vendre comme leur esclave

procédure consistait à se faire envoyer par le magistrat en possession des biens du débiteur (Gaius III, § 79). Cet envoi en possession ne donnait aux créanciers qui l'avaient obtenu, aucun avantage contre les autres créanciers. Cette mise en possession avait pour objet d'empêcher le débiteur de dilapider une fortune qui était le gage d'autres personnes ; elle était encore souvent nécessitée par ce fait que l'absence du débiteur donnait lieu à certaines mesures d'administration. Aussi les créanciers nommaient-ils un curateur chargé d'administrer ces biens dans l'intérêt commun : le choix de ce curateur du reste devait être approuvé par le magistrat. Après certains délais, différents suivant les circonstances, les créanciers se présentaient de nouveau devant le magistrat sur la convocation de ce dernier. Là, ils prenaient parmi eux un *magister*, c'est-à-dire une personne chargée de vendre les biens du débiteur. Ce *magister* devait rédiger ce qu'on appela la *lex bonorum vendendorum*, ce qu'on désigne à l'heure actuelle sous le nom de *cahier des charges*. Puis au bout d'un certain temps le *magister* procède à la vente des biens,

avec ce qui lui appartenait, il ne pouvait être question de séparation des patrimoines. Cette institution ne peut prendre naissance qu'à une époque où ce n'est plus le débiteur mais son bien qui répond du paiement des dettes.

vente qui a lieu en principe aux enchères publiques, mais qui pourrait aussi, pensons-nous, avoir lieu à l'amiable. (Voy. sur ces points Gaius III, §§ 77-79. Théophile, sur les Inst. § 2, T. 12. — Cicéron, *Pro Quinto*, 15.)

Une règle importante de la *bonorum venditio* est celle en vertu de laquelle l'adjudication porte sur l'ensemble des biens du débiteur. L'acquéreur s'engage à payer aux créanciers un dividende plus ou moins élevé sur le chiffre total de leurs créances (1). Le prix doit être payé au *magister* qui le distribuera aux créanciers au *prorata* de leurs créances respectives, à moins qu'il n'y ait entre eux des causes de préférence telles que privilèges et hypothèques (2).

A l'époque de Justinien la vente en masse a disparu pour faire place à la *bonorum distractio*. Le magistrat désigne sur la présentation des créanciers un *curator bonorum vendendorum*, qui procède à la

---

1. La plupart du temps le débiteur est insolvable, et par conséquent l'acquéreur s'engage à payer un dividende aux créanciers. Mais il pourrait se faire que le prix d'adjudication soit plus considérable que le total des dettes ; dans ce cas l'excédent revient au débiteur. Dans la théorie de la séparation des patrimoines nous aurons à nous demander ce que devient cet excédent.

2. Cela nous paraît résulter d'un texte de Paul dans lequel on a substitué le *curator* au *magister*, pour mettre la décision d'accord avec les principes nouveaux sur la vente des biens du débiteur (L. 22, § 10. Digest. Liv. 17, t. I).

vente en détail et distribue ensuite le prix aux créanciers.

Dans chacune de ces procédures à quel moment peut intervenir la demande en séparation des patrimoines? Il est évident qu'elle est postérieure à la demande d'envoi en possession qui est prononcée par le préteur au profit des créanciers de l'héritier par cela seul qu'étant créanciers ils demandent l'envoi en possession. Mais elle peut intervenir immédiatement après et peut se produire jusqu'au moment de la vente des biens du débiteur. Après cette vente, elle n'est plus possible quand même le prix n'aurait pas encore été payé, parce qu'il y aurait confusion de fait des deux patrimoines. La vente en effet a lieu en masse dans la procédure classique, l'acquéreur s'engage à payer un dividende sur toutes les dettes d'une personne, moyennant l'acquisition de tous les droits actifs qui figurent dans son patrimoine. Il est donc évident que la *lex bonorum vendendorum* doit séparer les deux patrimoines du défunt ou de l'héritier pour que la *separatio* puisse produire effet (1). « Debitorem quis

1. Nous avons néanmoins pensé que la demande de séparation peut intervenir jusqu'au moment de l'adjudication parce que la *lex bonorum vendendorum* n'est qu'un projet tant que la vente n'a pas eu lieu ; ce projet tombera par suite du décret du magistrat accordant la *bonorum separatio*.

Seium habuit, hic decessit, heres ei extitit Titius ; hic non est solvendo, patitur bonorum venditionem, creditores Seii dicunt bona Seii sufficere sibi, creditores Titii contentos esse debere bonis Titii, et sic quasi duorum fieri bonorum venditionem. » (Ulpien, L. I, § 1, h. t. Faut-il dire que cette demande entraînera comme conséquence la nomination de deux *magistri*, la rédaction de deux cahiers des charges ?

La question n'est résolue dans aucun texte, Ulpien exprimait simplement une comparaison, et il nous semble impossible de donner ici autre chose que des conjectures sans aucun fondement. Nous nous contenterons de dire que nous ne voyons aucunement la nécessité d'une semblable complication.

Dans la procédure, à l'époque de Justinien, la vente en masse a disparu et nous ne voyons point la nécessité de demander la *bonorum separatio* avant l'adjudication. Que veulent les créanciers héréditaires ? Etre payés sur le prix des biens héréditaires de préférence aux créanciers personnels de l'héritier. Cela est facile, même quand leur demande ne se présente qu'après la vente, puisque le prix de chaque bien est distinct. Il sera facile au *curator* de déterminer la masse d'actif à partager entre chaque catégorie de créanciers. Ici la nomination de deux

curateurs et la rédaction de deux cahiers des charges nous paraîtraient aller à l'encontre de la volonté du législateur qui, en substituant la *distractio*
à la *venditio bonorum*, a voulu éviter les complications, les lenteurs et les frais.

Les textes qui parlent de la séparation des patrimoines, la présentent comme un incident de la procédure en expropriation commencée par les créanciers de l'héritier ; les créanciers héréditaires ne faisant qu'intervenir. Est-ce à dire que si les créanciers de l'héritier ne commencent point de poursuites contre leur débiteur, les créanciers du défunt
ne pourront point se prévaloir de la séparation des
patrimoines? Nous ne le pensons pas ainsi. Les
textes du Digeste se rapportent aux cas les plus fré-
quents, car la poursuite commencée par ses créanciers contre l'héritier, faisant présumer l'insolvabilité de ce dernier, met en quelque sorte les créanciers héréditaires en demeure de demander la séparation, qui, au contraire, leur sera souvent inutile
si l'héritier n'est point poursuivi par ses créanciers,
c'est-à-dire, en pratique, n'est point considéré comme
insolvable.

Les créanciers héréditaires peuvent donc prendre
l'initiative s'ils y trouvent leur intérêt. Cette solution
est commandée par la justice même, et nous avons
vu que l'équité est la base de cette institution. En

effet, si on n'admet pas cette solution, les créanciers de l'héritier n'auront qu'à rester inactifs pendant cinq ans, pour mettre les créanciers héréditaires dans l'impossibilité d'invoquer le bénéfice que le préteur a voulu leur assurer (1).

La loi 7 à notre titre semble, du reste, se référer à cette solution. Cette loi est ainsi conçue : « Qui judicium dictaverunt heredi, separationem quasi hereditarii possunt impetrare, quia ex necessitate hoc fecerunt. » Elle suppose que des créanciers du défunt ont actionné directement l'héritier. Malgré cela ils n'ont point perdu le droit de demander la séparation. Cette séparation pourra être accordée aux créanciers héréditaires qui, après avoir obtenu condamnation contre l'héritier, demanderont l'envoi en possession des biens héréditaires seulement. Nous pensons même qu'elle pouvait être demandée purement et simplement au cours d'une procédure en expropriation dirigée contre le patrimoine entier de l'héritier, lorsque les créanciers de l'héritier venaient, sur la convocation du préteur, produire leurs créances afin d'obtenir un dividende. On ne peut reprocher aux créanciers d'avoir agi contre l'héritier puisqu'ils y ont été contraints par la nécessité, l'héritier étant le seul représentant du défunt. Il est inutile de dire qu'il en serait différemment si les créan-

1. L. I, § 13. D. *h. t.*

ciers du défunt avaient considéré l'héritier comme
leur débiteur direct. (V. le ch. 3).

La séparation des patrimoines est donc un incident de la procédure en expropriation. Nous venons
de voir à quel moment elle est demandée ; examinons les formes de cette demande et le magistrat
compétent pour juger la question.

Ulpien répond à notre question : « sciendum est
separationem solere impetrari decreto prætoris »
(L. 1, pr. D. h. t.). Il faut commencer par s'adresser
au magistrat qui a créé ce bénéfice : le préteur. Si
on se trouve dans les provinces, il faudra s'adresser
au président de la province.

Le préteur accorde ce bénéfice *cognitâ causâ,*
c'est-à-dire après avoir vérifié lui-même si les conditions auxquelles est soumise la demande se trouvent remplies. Il s'agit d'une *cognitio extraordinaria,*
et le magistrat ne renvoie point à un juge la mission
de rechercher si les faits allégués sont vrais ou faux.
« Prætoris erit vel præsidis notio, nullius alterius :
hoc est, ejus qui separationem indulturus est. »
Faut-il, avec Pothier (1), conclure des termes de
cette loi que le préteur ou le président de la province
ne pourront aucunement déléguer ce pouvoir, *man-*

---

1. *Pandectæ in novum ordinem digestæ.* Note sur la loi 1, § 14,
de separationibus.

dare jurisdictionem? La réponse, est donnée par Papinien. Il est des attributions que le magistrat ne peut déléguer : ce sont celles qui lui sont attribuées spécialement par une loi, un sénatusconsulte ou une constitution impériale « quæ vero jure magistratus competunt mandari possunt. » (L. I, pr. D. Liv. I, T. 21). C'est dans cette dernière catégorie d'attributions qu'il faut ranger le droit d'accorder la séparation. Du reste, la loi 4 du même titre, range parmi les pouvoirs qui peuvent être délégués, l'envoi en possession dont la séparation des patrimoines n'est souvent qu'un incident.

CHAPITRE II

Par qui? — Contre qui? — Sur quels biens la séparation des patrimoines peut-elle être demandée?

Par qui? La séparation des patrimoines a été établie par le préteur pour mettre les créanciers héréditaires à l'abri du danger qui résultait pour eux de la confusion des biens par suite de l'adition d'hérédité. Peut-on accorder le même bénéfice aux créanciers de l'héritier, quand la succession est insolvable? Il faut répondre négativement et les Romains en ont donné la raison. Lorsqu'une personne meurt et que son hérédité est déférée à une personne insolvable, il y a là un évènement auquel les créanciers du défunt n'ont pu songer. Il leur était impossible de prévoir le nouveau débiteur que l'adition d'hérédité pourrait leur fournir. Ils ne l'ont point choisi, suivant l'expression des anciens auteurs, ils sont tombés sur lui. (Woet *De separationibus,* n° 2).

Les mêmes raisons n'existent plus pour les créanciers de l'héritier. Ceux-ci ont bien choisi leur

débiteur. Ils ont eu tort d'avoir confiance en lui,
et ils devaient se faire consentir des sûretés s'ils
voulaient échapper aux conséquences dommageables des actes faits postérieurement par leur débiteur. « Licet alicui adjiciendo sibi creditorem,
creditoris sui deteriorem facere conditionem. »
(L. 1, § 2, *h. t.*). Or l'acceptation d'une hérédité
n'est à ce point de vue, qu'un moyen, pour une
personne d'augmenter le nombre de ses créanciers.
Tel était le fondement donné à cette disposition par
Doneau. « Heredis creditores non impetrant bonorum separationem, quod suos creditores onerare
potest heres ut contrahendo cum alius, sic et
adeundo ; nam et adeundo quodammodo cum creditoribus hereditariis contrahitur. » (Doneau, Liv.
23, ch. 16, n° 6, *in fine* (1).

1. C'est à cette idée qu'il faut rattacher les décisions contenues
dans la loi 1, §§ 7 et 8, *De separationibus*. Le premier de ces
textes suppose qu'un père de famille meurt laissant ses biens à
son fils encore impubère. Dans son testament le père, en même
temps qu'il institue son fils héritier lui donne un substitué pupillaire qui devra recueillir le patrimoine de l'enfant pour le cas
où il mourrait avant d'avoir atteint sa puberté. Si cette dernière
hypothèse se réalise, trois patrimoines vont se trouver réunis ;
celui du père, celui du fils mort impubère, celui de l'héritier.
Aussi trois catégories de créanciers se rencontrent : les créanciers
du père, ceux du fils, ceux du substitué. Lesquels pourront demander la séparations des patrimoines ? Les premiers sans aucun
doute, et cela à l'encontre des créanciers du fils et du substitué.
Les créanciers du fils pourront bien encore demander la séparation à l'encontre des créanciers de l'héritier mais ils ne pour-
ràient l'opposer à ceux qui étaient créanciers du testateur. De

Si ce raisonnement est absolument exact dans les
cas ordinaires, le même auteur Ulpien, dans la même
loi nous indique que cependant dans certains cas
exceptionnels la question peut être controversée.
« Quæsitum est an interdum etiam heredis creditores possint separationem impetrare, si forte ille in
fraudem creditorum adierit hereditatem ? » Voici
sa réponse : « Sed nullum remedium est proditum ;
sibi enim imputent qui cum tali contraxerunt : nisi
si extra ordinem putamus prætorem adversus calli-
ditatem ejus subvenire, qui talem fraudem com-
mentus est ; quod non facile admissum est. » (L. 1
§ 5, D. *h. t.*)

même les créanciers de l'héritier ne pourront aucunement la demander. Le second texte suppose un autre cas dans lequel plusieurs patrimoines seront réunis, non plus en vertu d'un seul et
même testament mais par suite de transmissions successives et
indépendantes. Primus institue héritier Secundus lequel après
avoir recueilli la succession meurt et laisse ses biens à Tertius. Ce
dernier est insolvable et ses biens font l'objet d'une *venditio bonorum*. Quels sont les créanciers qui pourront obtenir la *separatio*
Les créanciers de Primus à l'égard de tous, les créanciers de
Secundus à l'encontre de ceux de Tertius seulement ; enfin ces
derniers devront supporter les conséquences de la confusion des
patrimoines sans pouvoir s'y soustraire. Il n'y a dans toutes ces
décisions de détail que l'application d'un même principe formulé
au commencement de la loi. Il est encore permis de tirer de ces
décisions de fait un autre principe que nous aurons à appliquer
plus loin : les créanciers qui ont droit à la séparation conservent
ce droit, non seulement tant que le bien se trouve dans le patrimoine de l'héritier, mais encore quand il se trouve dans celui
d'un représentant à titre universel de l'héritier lui-même.

La législation prétorienne n'a en principe, apporté aucun remède à cette situation, parce que toujours on peut reprocher au créancier son imprudence. Mais le jurisconsulte pense que dans les cas exceptionnels le préteur pourra venir au secours de ces créanciers imprudents qui ont rencontré un débiteur de mauvaise foi. Suivant nous, ce recours *extra ordinem* n'est autre que la séparation des patrimoines. D'autres personnes ont pensé qu'il s'agissait d'un cas d'action paulienne. L'autre opinion nous paraît préférable parce que dans toute la loi première à notre titre, loi assez longue, Ulpien se demande dans quels cas ordinaires ou exceptionnels la séparation sera accordée. Une autre preuve résulte encore des derniers mots de la loi : « quod non facile admissum est ». Pourquoi admettre cette solution si difficilement s'il ne s'agit que d'un cas d'action paulienne, dans les conditions ordinaires de cette action ? Le préteur qui, en vertu de son pouvoir a créé d'une manière générale la séparation des patrimoines au profit des créanciers héréditaires, ne pourra-t-il point, quelquefois l'accorder même aux créanciers de l'héritier quand ceux-ci ont été le jouet d'un débiteur non-seulement imprudent mais encore malhonnête.

Il y a dans cette discussion autre chose qu'une question de pure procédure. L'action paulienne dif- .

fère essentiellement de la *bonorum separatio*. Cette dernière a pour but direct de distinguer deux masses de biens dans un même patrimoine ; l'action paulienne est donnée aux créanciers d'un débiteur insolvable et frauduleux, pour obtenir une indemnité, une réparation du préjudice subi. Dans la première, la séparation, le créancier qui y a droit, n'est pas tenu de démontrer préalablement que son débiteur est devenu insolvable, preuve exigée dans la seconde. La séparation produit ses effets à l'égard des créanciers de l'héritier, ou du défunt, que ces créanciers soient de bonne ou de mauvaise foi ; l'action paulienne ne peut triompher, sauf dans les actes à titre gratuit, contre un défendeur qui a traité de bonne foi. Enfin le délai pour intenter l'une ou l'autre est différent. L'action paulienne est annale, tandis que le préteur accorde un délai de cinq ans pour invoquer la séparation des patrimoines.

Les créanciers héréditaires sont donc seuls, en principe, à pouvoir demander la séparation des patrimoines, à exiger que les biens qui formaient leur gage leur soient attribués. Mais il ne faut point restreindre arbitrairement cette qualification de créanciers héréditaires, et, comme on l'a fait remarquer, il est possible que des créanciers puissent demander la séparation, qui néanmoins n'auraient pas pu agir contre le défunt pendant sa vie.

Il est des personnes, en effet, dont le titre ne semble prendre naissance qu'après la mort de leur débiteur ; mais si on y regarde de plus près, on voit que la source du lien d'obligation remonte à une époque antérieure au décès. C'est ainsi que ceux qui auraient garanti la dette du défunt, et qui n'auraient payé cette dette qu'après le décès du débiteur principal, pourront demander la séparation. En effet, bien qu'ils n'aient pu se faire rembourser par le défunt pendant sa vie, ils n'en étaient pas moins, à cette époque, ses créanciers en vertu soit d'un mandat, soit d'une gestion d'affaires (1).

Nous ne dirons que quelques mots des stipulations *cum morieris* qui ont toujours été valables. Cette obligation, qui a été reportée au dernier moment de la vie du promettant, ne prend pas naissance en la personne de l'héritier, nous dit Gaius. Aussi pas de doute que le créancier puisse demander la séparation. A l'époque de Gaius, la stipulation *post mortem,* c'est-à-dire celle dont l'exécution était reportée après la mort du promettant était nulle. Justinien, par une constitution rendue en

1. Nous ne parlons pas évidemment ici de ceux qui auraient payé la dette d'une personne défunte sans s'y être engagés de son vivant. Ils n'ont géré que l'affaire de l'héritier et ne peuvent être considérés comme créanciers héréditaires, à moins qu'ils ne se soient fait céder les actions qui appartenaient au créancier primitif.

l'an 528, la déclare valable (L. 11, Cod. Liv. 8,
T. 38). Même dans ce cas, le créancier est un créancier héréditaire et non point le créancier direct de
l'héritier.

Que les créanciers hypothécaires puissent demander la séparation des patrimoines, il n'y a
aucun doute. Cette séparation ne leur sera pas le
plus souvent utile, pas plus qu'elle ne servira à
ceux qui se sont fait donner des fidéjusseurs solvables. Mais il peut arriver que ces créanciers aient
intérêt à demander la séparation, parce que leurs
hypothèques ne sont point suffisantes, ou même, à
l'époque de Justinien, sont primées par des hypothèques privilégiées. Dans tous ces cas le créancier
n'est en réalité qu'un créancier chirographaire,
n'ayant pour sûreté que le gage commun de tous
les créanciers.

Mais il est d'autres créanciers héréditaires dont
la situation exige une étude particulière ; nous voulons parler des créanciers à terme ou sous condition. Ont-ils droit à la séparation des patrimoines,
et si on admet qu'ils y ont droit, produira-t-elle à
leur égard les mêmes effets que pour les autres
créanciers ?

Papinien répond à la première partie de notre
question : « Creditoribus, quibus ex die vel sub conditione debetur, et propter hoc nondum pecuniam
petere possunt, æque separatio dabitur, quoniam et

ipsis cautione communi consuletur. » (L. 4, pr. *de separationibus*).

La raison de douter n'est pas, comme on pourrait le penser en lisant les Institutes (L. III, t. XV, § 4) que le créancier conditionnel n'a que l'espérance de devenir créancier. Ce n'est là qu'une expression vague, traduisant assez bien la situation pratique du créancier conditionnel, mais qui ne s'appliquerait point au créancier à terme. Du reste, des textes nombreux nous déclarent que le créancier sous condition est un véritable créancier ; « Eum qui stipulatus est sub conditione, placet etiam pendente conditione creditorem esse. » (L. 42, pr. D., *de oblig. et act.*). Et dans la loi 10 au titre *de verborum significatione*, Ulpien définit le créancier : celui à qui il est dû quelque chose en vertu d'une cause quelconque, « sive pure, sive in diem vel sub conditione. » Aussi d'autres textes permettent-ils aux créanciers ou aux légataires conditionnels de prendre toutes les mesures conservatoires de leur droit (Voy. l. 27, D., liv. 40, t. 9).

La véritable difficulté réside dans la nature même de la *bonorum separatio* dans la procédure au cours de laquelle elle intervient. Nous avons vu que la *bonorum separatio* est demandée au cours d'une procédure en expropriation des biens de l'héritier. Quand les créanciers de ce dernier poursuivent la vente de ses biens, les créanciers héréditaires interviennent et tiennent le langage suivant : « Nous déclarons que les biens du défunt suffisent pour nous payer; en conséquence, les créanciers de l'héritier doivent se contenter de ses propres biens : il doit donc y avoir comme une une double vente, afin qu'il soit attribué à chacun ce qui lui appartient. »

Les créanciers conditionnels peuvent-ils tenir ce langage, demander la possession des biens qui appartenaient au défunt au lieu qu'elle soit accordée aux créanciers de l'héritier; car ils ne peuvent encore demander leur paiement « *nondum pecuniam petere possunt* ». Telle est la véritable difficulté à résoudre, difficulté indiquée par Papinien lui-même en même temps que la solution qu'il admet.

Si nous nous reportons au titre du Digeste relatif à l'envoi en possession, nous y rencontrerons à ce sujet deux décisions contradictoires au moins en apparence. La loi 6 permet l'envoi en possession : « In possessionem mitti solet creditor, etsi sub conditione ei pecunia promissa sit. » Malheureusement ce texte n'est pas seul et la loi 14, § 2, déclare en termes non moins formels : « Creditor autem conditionalis in possessionem non mittitur; quia is mittitur qui potest bona ex edicto vendere. » Le jurisconsulte sous-entend évidemment que le créancier conditionnel ne peut faire vendre les biens de son débiteur. Cette solution du reste est donnée formellement par Ulpien dans la loi 7, § 14 au même titre. « Si in diem vel sub conditione debitor latitet, antequam dies vel conditio veniat, non possunt bona ejus venire. »

Ces textes sont placés au même titre; et de plus, deux d'entre eux les lois 6 et 14, § 2 appartiennent au même jurisconsulte, Paul. Une contradiction absolue entre ces textes paraît impossible, aussi a-t-on cherché à concilier ces décisions si différentes en apparence.

L'étude détaillée de cette question et la conciliation de ces textes rentrent plutôt dans l'étude de la *missio in possessionem,* ou celle de la condition, que dans notre sujet. Plusieurs des conciliations proposées ne cadrent point avec les faits dans lesquels intervient la séparation des patrimoines. Aussi ne ferons-nous qu'indiquer les principales solutions.

Commençons par déclarer avec M. Bufnoir : « qu'il ne semble pas douteux que, lorsque l'envoi en possession était obtenu et la *venditio bonorum* poursuivie par d'autres créanciers, le créancier conditionnel devait être admis comme les autres, pour obtenir, le cas échéant, son dividende proportionnel. » (*De la Condition,* p. 293). Ce point de vue est en effet conforme à l'idée générale de la *missio in pos-*

sessionem et de la séparation des patrimoines. Ces
mesures ne sont point prises en faveur d'une personne déterminée, mais en faveur d'une masse.
« Et commodius dicitur, cum prætor permiserit,
non tam personæ solius presentis, quam creditoribus et in rem permissum videri ; quod et Labeo
putat. » (L. 12 pr., D., 42, 5).

· Ce n'est donc qu'autant que le créancier conditionnel se trouve seul à agir qu'il est intéressant de
savoir s'il a droit ou non à l'envoi en possession.
Aussi commençons-nous par repousser la conciliation proposée par Doneau (Liv. 23, chap. XI, n° 8).
D'après cet auteur, suivant les derniers mots de Papinien, il faudrait distinguer suivant que le créancier à terme ou sous condition est seul à demander
l'envoi en possession, ou bien si d'autres créanciers
héréditaires le demandent en même temps. Dans
le premier cas le créancier conditionnel ne pourrait
agir, puisque le débiteur est comme s'il ne devait
rien, dans le second cas au contraire les créanciers
conditionnels sont garantis *communi cautione*. La
loi 6 ferait allusion, au second cas, et le premier
serait prévu par la loi 14 §2. Cette conciliation, qui
ferait du reste de la loi 6 une exception à la loi 14 § 2
ne nous paraît pas rendre compte des deux textes
rédigés en termes généraux (1).

1. Bien que nous n'admettions pas la conciliation de Doneau,

Nous repousserons également l'opinion émise par Woet, dans la théorie de la *missio in possessionem*. Cet auteur (2) distingue entre le cas où l'envoi en possession est obtenu en vertu d'une action de bonne foi, et celui où il est demandé dans un jugement de droit strict. Dans le premier, l'envoi en possession est possible et non dans le second, parce que dans le premier cas le juge a un pouvoir souverain d'appréciation ; il peut condamner non seulement à ce qui se trouve compris dans la convention, mais aussi à ce qu'exige la coutume, l'équité, la bonne foi. Nous repoussons l'opinion de Woet, en ce qui concerne notre sujet, parce que la séparation des patrimoines

nous n'oserions cependant affirmer que Papinien dans la loi 4 à notre titre, n'ait point eu en vue l'hypothèse que Doneau invoque pour en faire la base de sa distinction. Nous croyons que les termes de cette disposition peuvent s'entendre du cas où les créanciers héréditaires ayant obtenu la *bonorum separatio*, on voudrait écarter les créanciers conditionnels ou à terme, des bénéfices que peut procurer la distinction des deux patrimoines sous prétexte qu'ils ne peuvent directement ou indirectement obtenir leur paiement. On voit alors la portée de l'argument invoqué par le jurisconsulte : « quoniam et ipsis cautione communi consuletur. — Mais nous convenons aussi sans peine que la décision de Papinien peut aussi bien se rapporter au cas où les créanciers conditionnels demandent seuls la séparation : mais alors il nous paraît difficile d'interpréter la dernière phrase. En réalité on en est réduit sur ce point à des conjectures, parce qu'on ne sait pas exactement les circonstances du fait à propos duquel Papinien a donné sa réponse.

2. Commentaire du titre : *Quibus ex causis in possessionem eatur*, n° 2.

n'est point demandée comme l'accessoire, comme un incident d'une demande pendante devant un juge chargé de donner à la question la solution que commande l'équité. Ce sont, suivant nous, tous les créanciers conditionnels, que leur droit dérive d'une action de droit strict ou d'une action de bonne foi, qui peuvent demander l'envoi en possession et par conséquent la séparation des patrimoines.

Mais si nous pensons avec Cujas (1) que tous les créanciers, quels qu'ils soient, ont droit à l'envoi en possession, nous ne pensons pas avec notre grand interprète qu'il s'agisse en principe d'un envoi *sine effectu*. Nous ne pouvons admettre que les créanciers qui ont obtenu l'envoi en possession puissent être repoussés, quand ils veulent opérer une main mise sur le patrimoine, soit par le débiteur, soit par un tiers quelconque qui se serait emparé de la chose. En réalité, on ne voit pas à quoi, dans ces circonstances, pourrait servir l'envoi en possession. Du reste, Cujas lui-même admet que la séparation des patrimoines peut être demandée *cum effectu* même par les créanciers conditionnels ou à terme.

Mais faut-il voir là une décision de faveur ou l'application des principes généraux sur l'envoi en possession. Ce n'est qu'en admettant ce dernier point

1. Commentaire sur la loi 14, Dig. *Quibus ex causis*.

de vue qu'on pourra affirmer logiquement que les créanciers conditionnels ont droit à la *separatio bonorum* produisant de véritables effets utiles.

« En résumé, conclut M. Bufnoir, je distinguerais suivant que la *missio in possessionem*, à raison de la cause en vertu de laquelle elle est demandée, implique ou non le droit d'exercer, comme nous dirions aujourd'hui, des poursuites actuelles contre le débiteur » (*De la condition*, p, 294).

Nous ne pensons pas, en effet, qu'il soit logique et juste de soumettre aux mêmes règles ceux qui demandent la vente actuelle du patrimoine et ceux qui ne demandent que la conservation de leur gage. C'est de ce dernier envoi en possession qu'il s'agit quand les créanciers le demandent parce que l'héritier insolvable ne donne point caution aux créanciers ou légataires de la succession. Cette faculté de demander une caution ou à défaut l'envoi en possession est surtout utile, non pas à ceux qui peuvent dès maintenant exiger leur paiement, mais à ceux à qui la nature de leur titre interdit une action immédiate, c'est-à-dire aux créanciers à terme ou sous condition (1).

1. Telle est la conciliation la plus simple que l'on puisse donner des lois 6 et 14, § 2. *D. Quibus ex causis in possessionem eatur*. Tous les créanciers peuvent obtenir l'envoi en possession, quel que soit leur titre (L. 6). Mais s'il s'agit d'obtenir un envo

Ceci étant posé qu'y a-t-il dans la séparation des patrimoines qui soit contraire à la possibilité d'un envoi en possession en faveur des créanciers conditionnels ou à terme? Sans doute elle intervient au cours d'une procédure dans laquelle les créanciers de l'héritier poursuivent la vente des biens de leur débiteur. Mais cela importe peu ; que demandent les créanciers héréditaires ? Précisément empêcher que cette vente soit poursuivie par les créanciers de l'héritier, Sans doute encore quand les créanciers purs et simples demandent la séparation c'est dans le but de faire vendre à leur profit les biens dont les créanciers de l'héritier poursuivaient la vente dans l'intérêt commun. Mais ce n'est point là un effet immédiat, direct de la séparation des patrimoines. Le droit de faire vendre les

qui a pour but de faire vendre les biens du débiteur, cet envoi ne peut plus être obtenu par les créanciers à terme ou sous condition. Les termes mêmes de la loi 14, § 2, semblent bien indiquer que là est la vérité. Ceux-là seuls peuvent obtenir l'envoi en possession qui ont le droit de vendre les biens de leur débiteur : « *quia is mittetur qui potest bona ex edicto vendere.* » En quoi ce motif peut-il avoir une valeur quelconque vis-à-vis de celui qui demande non pas à vendre les biens, mais à empêcher qu'une garantie, qui lui appartient comme à tous, vienne à disparaître. Nous serions d'autant plus disposé à admettre cette interprétation que ce passage est tiré du livre 2 des questions de Paul. La décision du jurisconsulte vise une hypothèse que nous ne connaissons pas, et dans laquelle le but poursuivi est la vente des biens du débiteur.

biens séparés les créanciers le trouvent dans leur qualité de créanciers purs et simples : le seul effet de la séparation, comme nous le verrons, est de faire disparaître la confusion des deux patrimoines du défunt et de l'héritier, de faire considérer en quelque sorte le défunt comme vivant encore, ou au moins de faire regarder la successsion comme n'ayant point été acceptée par l'héritier. Dans cette situation puisque les créanciers conditionnels ont droit à ce que les biens, qui forment le gage commun des créanciers héréditaires, ne servent point à désintéresser les créanciers d'un autre débiteur, il faut bien que, pour conserver ce gage, ils soient envoyés en possession. Puis quand le terme ou la condition seront arrivés, mais alors seulement, il feront vendre les biens du défunt s'ils ne sont point désintéressés (1).

Parmi les créanciers du défunt, il en est dont la situation est plus ou moins profondément modifiée par suite des règles que le droit romain applique à la confusion. La confusion, d'une façon générale, c'est la réunion sur une même tête de deux qualités incompatibles, par exemple le créancier succède au débiteur ou réciproquement, le fidéjusseur et le débiteur principal deviennent héritiers l'un de

---

1. Si ces créanciers venaient en concours avec des créanciers purs et simples ils profiteraient de la vente dont ces derniers peuvent poursuivre la réalisation.

l'autre, ou bien encore il y a deux débiteurs conjoints, deux *correi promittendi* et l'un succède à l'autre.

Etudions quels seront les effets de la confusion au point de vue du droit qui appartient aux créanciers d'un défunt de demander la séparation des patrimoines.

Première hypothèse. Le créancier succède au débiteur.

Si le créancier succède seul au débiteur, il va sans dire que sa créance est éteinte, et que la séparation des patrimoines ne peut même pas se concevoir. Mais faut-il dire la même chose dans le cas où le créancier ne serait point seul héritier ; par exemple le débiteur meurt en laissant trois héritiers parmi lesquels se trouve le créancier. Ce dernier aurait intérêt à demander la séparation des patrimoines si le débiteur était solvable tandis que ses cohéritiers ou l'un d'eux ont plus de dettes que d'actif. Les empereurs Dioclétien et Maximien ont décidé que ce droit appartenait au créancier qui pourra ainsi obtenir les deux tiers de sa créance (L. 7. C. Liv. 7. Tit. 72.) La raison en est que : « ultra eam portionem qua successit, actio non confundatur » L. 6. C. Liv. 4. T. 16).

Deuxième hypothèse. Le fidéjusseur succède au débiteur principal ou réciproquement.

Au point de vue qui nous occupe, lorsque c'est le fidéjusseur qui succède au débiteur, la confusion, même en entraînant une extinction complète de l'obligation accessoire, n'empêcherait pas les créanciers du défunt de demander la séparation des patrimoines, afin de se faire attribuer à eux seuls le patrimoine entier du débiteur principal. La seule question qui puisse se poser est celle de savoir si les créanciers après avoir demandé la séparation des patrimoines, pourront encore se faire payer par le fidéjusseur. Si on admet que la confusion entraîne l'extinction de l'obligation accessoire à l'égal du paiement nous répondrons négativement.

Il nous semble que, quelles qu'aient été les controverses entre jurisconsultes romains à l'origine il est certain à partir de Papinien que dans notre hypothèse la fidéjussion n'était pas éteinte. Est-ce à dire qu'après avoir poursuivi la vente des biens du débiteur principal, le créancier pouvait encore actionner le fidéjusseur. C'est là une question qui sera résolue dans le chapitre dernier, sur les effets de la séparation des patrimoines.

La question présente au contraire un grave intérêt dans le second cas, quand le débiteur succède au fidéjusseur. On pourrait se demander alors si, la fidéjussion étant éteinte par suite de la confusion, il sera permis au créancier de demander la séparation des patrimoines. On pourrait lui opposer l'extinction de l'obligation du fidéjusseur « cum reus promittendi, fidejussori suo heres extitit, obligatio fidejussoria perimitur » (L. 14, D. 46, 1). Par conséquent, les créanciers ne sont plus que les créanciers du débiteur héritier et non du défunt. Néanmoins on a cru devoir accorder aux créanciers, dans ce cas, la séparation des patrimoines. « Debitor fidejussori heres extitit, nous dit Papinien, ejusque bona venierunt : quamvis obligatio fidejussoria extincta sit, nihilominus separatio impetrabitur, petente eo, cui fidejussor fuerat obligatus, sive solus sit hereditarius creditor, sive plures » (L. 3, Dig. *h. t.*

Si le créancier qui nous occupe n'est pas le seul, il est impossible de ne pas le faire participer à la séparation des patrimoines qui serait demandée par les autres créanciers, cette séparation, une fois obtenue, faisant considérer comme non avenue la confusion qui avait eu lieu. Bien que la solution soit plus délicate quand le créancier est seul, on pourrait dire peut-être qu'en demandant la séparation il fera disparaître la confusion, et que lui objecter celle-ci c'est faire une pétition de principe. Néanmoins le jurisconsulte romain fonde sa décision non pas sur les principes, mais sur des raisons pratiques. Le créancier en se faisant consentir une fidéjussion a pris toutes ses précautions, il s'est montré diligent, il serait injuste de lui faire éprouver une lésion parce que l'obligation accessoire devrait disparaître devant l'obligation principale » (1).

Quant à la question de savoir si, après avoir demandé la séparation des patrimoines, notre créancier pourra encore poursuivre le débiteur principal sur ses propres biens, nous la verrons plus loin au sujet des effets de la séparation.

Troisième hypothèse : Ce sont deux *correi promittendi* qui se succèdent l'un à l'autre. Le créancier

---

1. Faut-il dire que la solution donnée par Papinien a toujours été admise en droit romain ? Oui, si elle n'est que l'application des principes romains. Mais nous pensons que cette solution, justifiée seulement par des raisons d'utilité pratique, d'équité, est contraire à la rigueur des principes juridiques. Elle nous paraît être une des nombreuses décisions d'espèces par lesquelles les jurisconsultes romains écartent la rigueur d'un principe théorique souvent injuste. C'est ainsi que, Africain (L. 38, § 5. Dig. 46, 3), dans une matière du droit prétorien, plus soumise à l'équité qu'aux principes stricts, décide que l'hypothèque donnée par le fidéjusseur subsiste même après que le fidéjusseur est devenu l'héritier du débiteur principal, et bien que l'obligation directe née de la fidéjussion ait disparu. N'est-ce pas encore une décision analogue à celle donnée par le même Papinien dans la loi 95, § 3. D. Liv. 46, T. 3 ; « quod vulgo jactatur fidejussorem qui debitori heres extitit, ex causa fidejussionis liberari ; totiens verum est quotiens rei plenior promittendi obligatio invenitur. » Nous pouvons donc dire qu'il est probable qu'à une époque, assez reculée il est vrai, la *separatio bonorum* ne pouvait être demandée dans notre hypothèse.

pourra-t-il demander la séparation des patrimoines ?
Oui, évidemment ; car dans ces cas les textes nous
montrent que la confusion ne produit aucun effet.
Que l'obligation accessoire soit éteinte quand elle se
réunit à l'obligation principale, cela se conçoit, mais
que la réunion de deux obligations principales
anéantisse l'une d'elles, cela est impossible. « Si
duo rei sint promittendi et alter alterum heredem
scripsit, non confunditur obligatio. » (L. 93 § 1.
D. Liv. 46. T. 3) (1).

Il en serait absolument de même, et pour la même
raison, si, au lieu de supposer le cas où c'est un
correus qui institue son codébiteur, nous supposions
que c'est un fidéjusseur qui succède à son cofidé-
jusseur. La séparation des patrimoines peut être
demandée par le créancier.

Légataires. — La loi 4 § 2 donne aux légataires
aussi bien qu'aux créanciers le droit de demander
la séparation. On serait tenté de leur objecter que
leur titre a pris naissance, non point en la personne
du défunt, mais directement contre la personne de
l'héritier. Cette objection n'est pas admise par le

---

1. Dans le manuscrit de Florence et dans le *corpus juris civilis
academicum*, il y a une affirmation au lieu d'une négation. C'est
une erreur de copiste qui a transporté le mot *non* du § 1 dans
le § 2. Sans cette correction, la loi ne se comprendrait pas, et
serait contraire dans le § 1 à la loi 13 D. 45. 2 ; et dans le § 2 aux
lois 5. D. 46. 1. et 95 § 3. D. 46. 3.

droit romain. Si le legs n'est point une créance qui puisse jamais être exercée contre le testateur, il n'en est pas moins vrai qu'il constitue une charge de la succession, par conséquent le patrimoine du défunt est le gage commun et des créanciers et des légataires. Le défunt, en effet, a voulu que l'héritier institué ne recueille un bénéfice qu'après avoir acquitté toutes les charges de la succession. C'est la pensée exprimée par Paul (L. 40. D. 44. 7) : « Hereditariarum actionum loco habentur et legata, quamvis ab herede ceperint. » Mais cette assimilation du légataire au créancier ne doit pas être poussée trop loin. Exacte dans les rapports entre les légataires d'une part, et l'héritier et ses créanciers d'autre part, elle ne l'est plus dans les rapports entre créanciers héréditaires et légataires. Ceux-ci ne pourront se faire payer sur les biens, objet de la séparation, qu'autant que sur ces biens on aura déjà pris ce qui est nécessaire pour désintéresser les créanciers.

C'est ce que dit expressément Julien dans le passage suivant : « Quotiens heredis bona solvendo non sunt, non solum creditores testatoris, sed etiam eos quibus legatum fuerit, impetrare bonorum separationem æquum est ; ita ut cum creditoribus solidum adquisitum fuerit, legatariis vel solidum vel portio quæratur. » (L. 6, pr. Dig. *de separat.*).

II. *Contre qui?* La séparation des patrimoines est une procédure *in rem* dirigée non pas contre un ou plusieurs créanciers, mais contre une masse de créanciers au profit d'une autre masse. Un ensemble de biens est divisé en deux parties, dont chacune répond du paiement d'une masse de dettes. Aussi il va sans dire que peu importent les privilèges qui entourent une créance contre l'héritier. Ces privilèges, droit de préférence entre plusieurs créanciers d'une même personne, ne peuvent être opposés aux créanciers ou légataires qui demandent la séparation, en vertu de laquelle le défunt se survit en quelque sorte à lui-même. Aussi Ulpien après avoir établi quelles personnes peuvent obtenir la séparation, nous dit-il qu'elle peut être opposée même au *fisc* et aux *municipes*. « Etiam adversus fiscum et municipes impetrabitur separatio. » (L. 1 § 4, D., h. t.).

Nous verrons plus loin que la constitution d'un gage et d'une hypothèque sur les biens du défunt par l'héritier ne mettraient point obstacle à ce que la séparation fut demandée par les créanciers héréditaires, et opposée aux créanciers gagistes et hypothécaires de l'héritier.

Il est bien entendu que c'est contre les créanciers de toute personne entre les mains de qui les biens sont parvenus à titre héréditaire, que les créanciers

du défunt demanderont la séparation des patrimoines. Nous avons vu deux applications de ce
principe dans la loi 1, §§ 7 et 8 à notre titre. On
peut encore en trouver une application intéressante
dans le cas où le fisc recueille tout ou partie d'une
succession. Le fisc revend cette succession à une
personne et la loi 1 au Code (L. 4, t. 39) déclare
que dans ce cas les créanciers de la succession ne
pourront pas s'adresser au fisc. « Æs alienum, hereditate nomine fisci vendita, ad onus emptoris bonorum pertinere, nec fiscum creditoribus hereditariis respondere, certum et absolutum est. » Celui
qui a acheté l'hérédité est considéré comme héritier, il a les actions utiles, et par conséquent c'est
contre ses créanciers que la *bonorum separatio* sera
demandée.

III. *Sur quels biens?* — Une hérédité comprend
non seulement tout ce qui fait partie du patrimoine
au moment du décès du *de cujus*, mais tout ce qui
vient s'adjoindre à l'hérédité après le décès, pourvu
que cet accroissement provienne de l'hérédité elle-
même. C'est ainsi, suivant Ulpien, qu'il faut comprendre dans l'hérédité l'enfant né d'une esclave
héréditaire soit avant, soit après l'adition. C'est encore par application de ce principe que Paul nous
dit : « Si post impetratam separationem aliquid
heres adquisierit, si quidem ex hereditate, admitti

debebunt ad id quod adquisitum est illi, qui separationem impetraverunt » (L. 5, D. h. t.).

CHAPITRE III.

CAUSES D'EXTINCTION DU DROIT DE DEMANDER LA SÉ-
PARATION DES PATRIMOINES.

Ces causes peuvent être ramenées à quatre : la
prescription, la confusion, l'aliénation et l'acceptation de l'héritier pour débiteur.

1° *Prescription*. La séparation des patrimoines,
avons-nous dit déjà, ne peut être demandée qu'autant que la procédure d'expropriation des biens de
l'héritier n'est pas encore terminée. Mais outre
cette cause d'extinction par un laps de temps indé-
terminé, la loi romaine établit une véritable prescription du droit de demander la séparation, quand
même les biens de la succession existeraient encore
dans la main de l'héritier. Le droit de demander la
séparation paralyse le crédit de l'héritier en faisant
craindre aux tiers qui voudraient contracter avec
lui, que les biens qui sont dans son patrimoine, ne
puissent devenir leur gage. Le délai fixé par le
préteur est un délai de cinq années, qui commence
à courir à partir du moment où il y a eu réunion

de deux patrimoines, c'est-à-dire acceptation de l'hérédité (L. 1, § 13, D, *h, t.*)

2° *Confusion*. Il ne s'agit pas ici de la confusion qui a pu résulter de l'institution d'héritier faite par le débiteur principal au profit de son créancier, ni de son fidéjusseur. Nous avons déjà vu quel serait l'effet de cette espèce de confusion.

La confusion dont il est question dans la loi 1, § 12 est une confusion de fait entre les biens du défunt et les biens de l'héritier. La séparation a pour objet de faire vendre les deux masses afin d'attribuer le prix de vente à chacune des deux catégories de créanciers. Si donc les biens sont confondus de manière à ne point pouvoir être reconnus, la séparation est impossible. « Confusis enim bonis et initis, separatio impetrare non poterit » (L. 1. § 12. D, *h. t.*) Cette confusion se présentera fréquemment en ce qui concerne les meubles, surtout les meubles corporels. Pour les immeubles il peut se faire aussi que les possessions soient tellement mêlées qu'il en résultera une véritable confusion, *quod quidem perraro contingere potest*, ajoute Ulpien. Il est évident que la confusion de fait n'enlève le droit de demander la séparation qu'en ce qui concerne les biens dont il est impossible de retrouver l'origine. Mais si les biens n'ont été mêlés que partiellement, ce qui arrivera quand il y y aura dans la succession des immeubles, si alors les créanciers héréditaires trouvent avantageux même dans cette circonstance de demander la séparation, ils l'obtiendront certainement. « Quid ergo si prædia exstent, vel mancipia, vel pœcora, vel aliud quod separari potest? Hic utique poterit impetrari separatio. » (L. 1 § 12, D. *h. t.*)

3° *Aliénation*. Puisque, par suite de l'adition d'hérédité, les biens sont entrés dans le patrimoine de l'héritier, ce dernier a pu vis-à-vis des tiers disposer valablement de tout ce qui était compris dans l'hérédité. Aussi Papinien nous dit-il, que si l'hérédité a été vendue, toute séparation devient impossible, les créanciers héréditaires doivent respecter ce qui a été fait, « quæ bona fide medio tempore per heredem gesta erunt rata conservari solent. » L. 2. D. t. h.

Comme on le voit, pour que les actes faits par l'héritier soient maintenus, il faut que l'héritier ait agi de bonne foi, sinon les créanciers héréditaires pourront faire révoquer l'acte. En quoi peut donc consister la fraude dans l'aliénation d'hérédité? En ce que l'héritier connaissant la solvabilité de la succession et sa propre insolvabilité aura néanmoins aliéné, sans nécessité, les biens héréditaires. La fraude, en effet, quand il s'agit de savoir si un acte fait par un débiteur est valable consiste dans la connaissance du tort que le débiteur fait à son créancier.

Evidemment les créanciers héréditaires ne pourraient point, en faisant révoquer l'acte d'aliénation, porter un préjudice injuste aux tiers qui ont contracté avec l'héritier. Nous appliquerons encore ici les règles de l'action révocatoire. Si l'aliénation a eu lieu à titre gratuit, ce qui était légal puisque l'héritier était propriétaire, nous n'exigerons point que le tiers soit de mauvaise foi, nous dirons plutôt qu'il y a toujours fraude à vouloir garder un enrichissement, qui n'a été procuré qu'en dépouillant les créanciers (L. 6, §§ 11 et 12, D. 42. 8). Si au contraire il s'agit d'un acte à titre onéreux, d'une vente, et c'est là ce qui arrivera le plus souvent, (c'est le cas prévu par notre texte), les créanciers devront avant de faire rentrer le bien dans le patrimoine qui forme leur gage, prouver que les personnes qui ont contracté avec l'héritier étaient de mauvaise foi. (L. 6, § 8 D. Liv. 42. T, 8). Nous donnerons du reste de la mauvaise foi, ici, la définition que nous en avons donnée en ce qui concerne l'héritier.

Woet décide que quand après la vente de l'hérédité les créanciers demandent la séparation, à un moment où le prix est encore dû, leur demande devra être admise en vertu du principe : *in judiciis universalibus pretium succedit in locum rei* (*de separationibus*, n° 4) ; car la demande de séparation des patrimoines est une demande portant, non pas sur un bien en lui-même, mais sur tout ce qui provient d'une succession. En réalité quelle est la raison qui empêche de demander la séparation quand les biens héréditaires sont vendus? C'est qu'on ne trouve plus de valeurs sur lesquelles les créanciers pourront se faire payer. Mais dans notre hypothèse on trouve dans le patrimoine de l'héritier une valeur provenant de la succession, une créance. Rien n'empêche donc les créanciers héréditaires de la faire distraire du patrimoine de l'héritier, et de se faire payer sur le prix en provenant.

Faut-il aller plus loin et dire que si on retrouve encore en nature les écus qui proviennent de la vente, la séparation pourra encore être demandée? Nous retombons ici dans la question de la confusion matérielle. Il nous semble que cette séparation sera souvent impossible parce que les créanciers ne pourront pas prouver que ces écus proviennent de la vente, et non point d'une autre cause; ils auront peut-être des présomptions, mais non point des preuves. Si cependant en fait la preuve complète, directe, était fournie, nous ne voyons pas pourquoi, surtout si on admet la solution précédente, l'affirmative ne serait pas admise.

De même que la confusion peut être partielle, de même la vente peut n'embrasser que quelques biens particuliers. Il faut appliquer à cette vente partielle les mêmes règles qu'à la vente totale, au point de vue de la bonne foi soit de l'héritier, soit des tiers qui ont traité avec lui. Evidemment la séparation pourrait toujours être demandée et s'appliquerait alors aux biens qui resteraient de la succession.

Si la vente partielle est respectée, doit-on donner la même solution en ce qui concerne les autres droits réels qui auraient été constitués de bonne foi par l'héritier ? Parmi les droits réels, autres que le droit de propriété, il y en a de deux catégories : les uns, qui sont des démembrements du droit de propriété, renferment les servitudes personnelles et les servitudes réelles ; les autres, qui se rattachent à une créance dont ils sont la sûreté, et qui ne peuvent subsister que par elle, comprennent les gages et les hypothèques.

En ce qui concerne la dernière classe de droits réels, il n'y a aucun doute possible, en présence de la loi 1, § 3 de notre titre. « Sciendum est autem etiamsi obligata res esse proponatur ab herede jure pignoris vel hypothecæ, attamen si hereditaria fuit, jure separationis hypothecario creditori potiorem esse eum, qui separationem impetravit : et ita Severus et Antoninus rescripserunt. » Donc, sans aucun doute possible, au moins depuis le règne des empereurs Sévère et Caracalla, les gages et les hypothèques consentis par l'héritier n'empêchent point la séparation, en ce sens que ces biens seront entièrement compris dans la masse attribuée aux créanciers héréditaires.

La controverse, au contraire, est très possible et très délicate, en ce qui concerne les droits réels de la première catégorie. Si on admet que la raison de la décision précédente est que les biens donnés en gage restent malgré cela distincts et que la *separatio bonorum* est matériellement praticable (V. Doneau, Liv. 23, ch. 16, n° 9) il faut donner la même solution relativement aux biens sur lesquels des droits réels de servitude ont été établis. Pour nous, en présence du silence des textes sur notre question, nous appliquerons dans toute sa généralité le principe posé par Papinien : tout ce qui a été fait sans fraude doit être conservé. La solution donnée à propos des gages et hypothèques nous semble reposer sur cette idée que la séparation des patrimoines est un débat entre les créanciers héréditaires et les créanciers de l'héritier; chacune des deux classes doit se contenter des biens qui appartenaient à leurs débiteurs respectifs. « Creditores Sei dicunt bona Sei sufficere sibi, creditores Titii contentos esse debere bonis Titii. » (L. 1, § 2, D., *h. t.*).

4° *Acceptation de l'héritier comme débiteur.* — Le texte d'Ulpien, qui pose ce principe, a donné lieu à des difficultés assez graves sur son interprétation. En voici les termes : « Illud sciendum est eos demum creditores posse impetrare separationem, qui non novandi animo ab herede stipulati sunt; cæterum si eum hoc animo secuti sunt, amiserunt separationis commodum ; quippe cum secuti sunt nomen heredis, non possunt jam se ab eo separare qui quodammodo eum elegerunt. Sed et si usuras ab eo ea mente quasi eum eligendo exegerunt, idem erit probandum. » (L. 1, § 10, D., *h. t.*).

Lorsqu'une convention entraînant novation, nous dit Ulpien, est intervenue entre le créancier et l'héritier, il n'y a plus de séparation des patrimoines possible. Cela se comprend facilement puisque la novation éteint la dette, d'après la définition que nous en donne le même jurisconsulte. « Novatio est prioris debiti in aliam obligationem vel civilem, vel naturalem transfusio atque translatio; hoc est, cum ex precedenti causa ita nova constituatur, ut prior perimatur. » (L. 1, pr., *De novationibus*). La novation éteignant le droit primitif, le créancier qui a fait novation n'est plus créancier héréditaire, mais créancier de l'héritier, *cujus nomen secutus est.* Or nous avons vu que les créanciers de l'héritier ne peuvent, en principe, demander la séparation des patrimoines.

Cette explication, donnée par Ulpien lui-même,

d'un certain nombre de faits, qui enlèvent à l'héritier le droit de demander la séparation, a donné
naissance à une controverse sur les faits qui, à l'é-
poque de Justinien, peuvent entraîner la même conséquence. Faut-il à cette époque qu'il y ait novation véritable pour entraîner la déchéance du droit
à la séparation des patrimoines. Si on admet l'affirmative, cela entraîne des conséquences fort importantes, conséquences qui résultent du changement
de législation touchant la novation. A l'époque de
Gaius et encore au temps d'Ulpien, pour qu'il y ait
novation, il suffisait d'un changement quelconque,
suivant ces deux jurisconsultes, tel que la suppression d'un terme, l'adjonction d'un *sponsor* (Gaius,
III, 177) intervenu dans une nouvelle stipulation,
pourvu que, ajoute Ulpien, cet acte ait été fait dans
l'intention de nover. A l'époque de Justinien les
principes sont changés. La question d'interprétation
de volonté avait donné lieu à des procès nombreux.
La volonté de nover ne suffira plus désormais, la
créance ancienne subsistera plus ou moins augmentée, diminuée ou modifiée, à moins que les parties
n'aient déclaré expressément remplacer la première obligation par la seconde : « Sancimus, nous
dit l'empereur, si quis vel aliam personam adhi-
buerit, vel mutaverit, vel pignus acceperit, vel quan-
titatem augendam vel minuendam esse crediderit,

vel conditionem seu tempus addiderit, vel detraxe-
rit, vel cautionem minorem acceperit, vel aliquid
fecerit, ex quo veteris juris conditores introducebant
novationes; nihil penitus prioris cautelæ innovari,
sed anteriora stari, nisi specialiter expresserint
quod secundam magis pro anterioribus elege-
rint. » (L. 8, Code *De novationibus*). De ce changement de législation il faudra conclure, si on exige
la novation pour faire perdre le bénéfice de la séparation des patrimoines, que, à défaut de cette
clause expresse intervenue dans la convention passée entre le créancier et l'héritier, les fait rappor-
tés par Ulpien dans la loi 1, §§ 10, 11 et 15, ne feront plus perdre le droit à la séparation. Certains
auteurs sont allés jusque là et par application de
leur théorie ils ont déclaré que c'était à tort que
les commissaires de Justinien avaient conservé dans
le Digeste des textes qui n'étaient plus en rapport
avec la législation de ce prince.

A l'appui de cette opinion on a invoqué deux motifs : le premier c'est qu'on ne peut voir que dans
une novation, qui fait disparaître la qualité de
créancier héréditaire, la cause qui fait perdre le
droit de demander la séparation des patrimoines.
C'est du reste le fondement donné par Ulpien à ses
décisions. Le second motif est tiré de la comparaison de la loi 1, § 10 et de la loi 7 à notre titre. Dans

le premier de ces textes, Ulpien déclare que le créancier qui reçoit les intérêts de l'héritier, *quasi eum eligendo*, perd le droit au bénéfice de la séparation, tandis que ce bénéfice est conservé par celui qui, d'après Marcien (L. 7), poursuit l'héritier devant les tribunaux. Résultat absolument incompréhensible, à moins qu'on n'admette que dans le premier cas le créancier a voulu nover sa dette, et sous Justinien il faut que cette volontée soit exprimée.

Cette théorie ne peut être admise parce que les deux motifs invoqués plus haut ne sont pas exacts. La véritable raison pour laquelle les faits indiqués par Ulpien font perdre le bénéfice de la séparation n'est pas la novation. Sans doute, la plupart du temps, à l'époque d'Ulpien il y avait novation et le jurisconsulte pouvait invoquer cette raison ; mais les rédacteurs du Digeste n'auraient pas dû laisser subsister cette théorie, et auraient dû, en vertu des pouvoirs qui leur avaient été donnés par Justinien, effacer les expressions qui la rappelaient. En effet, de tout temps à l'époque d'Ulpien comme sous Justinien, il y a une raison plus profonde qui se rattache intimement à l'idée de la séparation des patrimoines et que Ulpien indique à plusieurs reprises c'est ce qu'on a appelé la *mens eligendi*.

Il ne faut pas oublier que le créancier héréditaire aussitôt après l'adition d'hérédité, devient, en

verta du droit civil créancier direct de l'héritier,
qu'il peut le poursuivre comme tout autre créancier,
se faire payer sur son patrimoine au même titre que
ses créanciers personnels. Mais à côté de ce droit qui
lui est conféré par le droit civil, le préteur lui en accorde un autre pour éviter les inconvénients graves,
qui peuvent résulter pour lui de la confusion des
patrimoines, si le créancier le préfère il peut considérer le défunt son débiteur, comme étant encore
vivant, et se faire payer sur les biens de la succession à l'exclusion des créanciers de l'héritier. Ces
deux voies sont incompatibles, le créancier doit
choisir entre elles, prendre l'une ou l'autre. Après
que ce choix absolument libre aura été fait, il ne
pourra plus revenir sur son choix et recourir à l'autre voie. C'est si bien la pensée d'Ulpien que, comme nous le verrons plus loin, ce jurisconsulte ne
permet pas au créancier qui a obtenu la séparation
de revenir sur les biens personnels de l'héritier,
même après le paiement des créanciers de cet héritier. C'est du reste une théorie qu'on rencontre souvent en droit romain : chaque fois qu'une personne,
pour atteindre au même but, a deux moyens d'action, elle doit choisir *electa una via non datur recursus
ad alteram*. — « Comme la séparation des patrimoines, dit M. Demolombe, et sa pensé est aussi
exacte en droit romain, n'est autre chose de la part

des héritiers, qu'une protestation, dans leur intérêt, contre les effets de la confusion, et qu'une déclaration de défiance contre l'héritier, la conséquence naturelle en est qu'ils doivent perdre le droit de la demander lorsqu'ils ont, au contraire, suivi la foi de l'héritier, et adhéré ainsi définitivement eux-mêmes et sans réserves, aux effets de la confusion. » (Demolombe, T. XVII, n° 156).

C'est là la véritable raison pour laquelle Ulpien lui-même donne à certains faits la puissance d'éteindre le droit à la séparation des patrimoines, « Non possunt jam se ab herede separare, qui *quodammodo eum elegerunt* »... « quasi *eum eligendo exegerunt* »... « hi enim *secuti sunt heredem* »... « quasi *eum secutus sit*. » Telles sont les expressions employées par le jurisconsulte romain dans les §§ 10, 11, et 15 de la loi I, au titre *de separationibus*.

Ce raisonnement explique en même temps le prétendu défaut de logique révélé par la comparaison de la loi 1 § 10 *in fine* et de la loi 7. Si Ulpien fait perdre la séparation à celui qui reçoit les intérêts de la part de l'héritier, il exige en même temps pour cela que le créancier ait agi *quasi eum eligendo*. Si le créancier avait reçu les intérêts de la part de l'héritier comme représentant le patrimoine du défunt, il n'y aurait aucune déchéance. De même quand le créancier poursuit l'héritier cela n'entraîne aucunement choix de ce dernier comme débiteur direct « quia necessitate hoc fecit ». Il ne pouvait pas s'adresser au défunt qui n'existait plus (1).

La seule difficulté consiste maintenant dans la question de savoir quels sont les faits qui, impliquant par eux-mêmes acceptation de l'héritier comme débiteur direct, entraîneront la perte du droit de demander la séparation des patrimoines. Nous trouvons plusieurs de ces cas prévus au Digeste. C'est d'abord quand le créancier reçoit comme

1. Sans cette décision on aurait peut-être pu croire, qu'en droit romain, le droit de demander la séparation des patrimoines était perdu à la suite de tout procès intenté contre l'héritier, même sans aucune idée de le considérer comme débiteur direct. En effet, la *litis contestatio* au moins quand il s'agit d'un *judicium legitimum*, entraîne avec elle une espèce de novation « Tollitur adhuc obligatio litis contestatione, nous dit Gaïus (III, 180), si modo legitimo judicio fuerit actum. Nam tunc obligatio quidem principalis dissolvitur, incipit autem reus teneri litis-contestatione. » Puisque l'obligation primitive a été éteinte, aurait-on pu dire, le créancier a perdu son titre de créancier héréditaire et est devenu créancier de l'héritier ; ce raisonnement que l'on ne peut faire en présence de notre texte, n'est pas non plus fondé dans son principe. Sans doute la *litiscontestatio* opère une *espèce de novation*, mais d'une nature particulière. L'obligation primitive a plutôt commencé à produire son effet qu'elle n'est en réalité éteinte, de même qu'elle l'achèvera par la *condemnatio*. « Sed si condemnatus sit reus, ajoute le même auteur, sublata litiscontestatione, incepit ex causa judicati teneri. » L'obligation primitive n'est point éteinte en réalité puisque les sûretés réelles, gage ou hypothèque, subsistent. Par conséquent même en l'absence de la loi 7, on aurait dû conclure que les poursuites exercées contre l'héritier n'entraînaient point la perte du bénéfice de la séparation.

de son débiteur les intérêts qui lui sont dus. Il y aura encore renonciation à ce droit quand le créancier se sera fait donner par l'héritier des fidéjusseurs. Il a pris ses précautions contre l'insolvabilité de l'héritier, c'est donc qu'il le regardait comme son débiteur. Si les fidéjusseurs ne sont point solvables, il n'avait qu'à mieux choisir et ne point les accepter. « Et sibi imputent cur minus idoneos fidejussores accipiebant » (L. 1, § 11 *de separationibus*). Il faut donner la même solution et pour les mêmes raisons en ce qui concerne les gages et hypothèques que le créancier se serait fait consentir.

Tels sont les cas formellement prévus par les jurisconsultes romains. Il est bien évident que quand il s'agira de fixer les conséquences d'un contrat passé entre le créancier du défunt et l'héritier, il y aura une question d'appréciation de volonté. Le préteur aura à examiner toutes les circonstances avant de rendre son décret.

Est-ce à dire que dans l'examen de ces faits, le préteur pourra se considérer comme n'étant lié par aucun principe, aucune règle générale, qu'il aura un pouvoir absolu ? Non, certes ; pour la solution de toutes ces questions, il est possible de découvrir un criterium.

Il ne faut pas oublier qu'avant même de pouvoir invoquer la séparation des patrimoines, les créan-

ciers qui nous occupent sont créanciers héréditaires.
Ils ont le droit de poursuivre le *de cujus* avant son
décès ; ils ont conservé la faculté de faire exécuter
leur créance sur les biens de la succession avant
toute acceptation. Cette situation, ils n'ont pu la
perdre par cela seul que la succession a été acceptée par l'héritier. Cependant, cette *adition* va encore
amener une légère modification dans l'exercice de
leurs droits. Immédiatement avant son décès, ils
s'adressent à leur débiteur direct. Depuis le décès
jusqu'à l'adition, ils demandent leur paiement à la
succession, c'est-à-dire poursuivent directement la
solution de leur obligation sur les biens qui sont
leur gage. Après l'acceptation, l'hérédité disparaît
pour faire place à l'héritier, et force est bien aux
créanciers de s'adresser à lui, non point qu'ils le con-
sidèrent comme leur débiteur personnel, mais parce
qu'il est le représentant, l'administrateur jusqu'à
un certain point des biens héréditaires. Il serait
étrange que l'exercice même de leurs droits de créanciers du défunt, contre les biens du défunt, entraî-
nât contre eux la perte de ce même droit.

De cette idée générale il est facile de tirer les
deux règles suivantes :

1° Tout acte fait par le créancier avec l'héritier
et qui aurait pu être fait avec un curateur à la succession, ne pourra aucunement faire perdre le droit

de demander la séparation des patrimoines. On ne peut dire que par un tel acte le créancier ait suivi *nomen et personam heredis*, la qualité d'héritier étant indifférente par la validité de cet acte.

Mais tout acte qui suppose pour être valable la qualité d'héritier, c'est-à-dire toute convention dans laquelle l'héritier n'aura pu figurer que comme *maître* des biens héréditaires, tout acte encore dans lequel l'héritier sera lié par une obligation qui ne découle pas uniquement de sa qualité de représentant du défunt, aura pour effet de faire considérer le créancier héréditaire comme ayant accepté l'héritier pour créancier direct et personnel, et parconséquent, la séparation des patrimoines ne pourra plus être demandée.

CHAPITRE IV

L'effet direct de la séparation des patrimoines est
de faire disparaître, au moins dans les rapports
des créanciers entre eux, la confusion des deux
masses de biens, qui résulte de l'adition d'hérédité.
Le défunt revit en quelque sorte pour empêcher ses
créanciers de subir un préjudice. Il y a deux débiteurs et deux masses de biens, ainsi que deux catégories de créanciers. Chaque classe de créanciers
obtient un envoi en possession des biens qui lui sont
affectés, et il y a comme deux ventes de biens qui
en réalité appartiennent au même individu.

Les créanciers de l'une des deux classes n'auront
point de droits sur la masse des biens attribuée à
l'autre classe, tant que ces derniers ne seront point
complètement désintéressés. Sur le prix de la vente
des biens du *de cujus*, les créanciers et légataires du
défunt se feront payer tout d'abord. Et ce n'est qu'a-
près qu'ils ont été absolument désintéressés que le

surplus du prix de vente sera attribué à l'héritier
pour être le gage commun de ses propres créanciers (1). La séparation, en effet, n'est point dirigée
contre l'héritier, elle ne peut avoir pour effet de
faire attribuer aux créanciers et légataires héréditaires plus que ce qui leur est dû.

On s'est demandé comment les biens du *de cujus*
étant vendus en masse, il pourrait, après complet
désintéressement des créanciers héréditaires, rester
quelque chose. L'objection provient de la procédure
suivie pour arriver à la vente des biens d'un débiteur. A l'époque classique, au temps où Ulpien prévoit la possibilité de cet excédent, lorsqu'un débiteur
ne pouvait payer ses dettes, ses créanciers vendaient
ses biens en masse et l'acquéreur s'engageait à
payer un dividende déterminé aux créanciers. Puisque la séparation des patrimoines est un incident
de la *bonorum venditio*, l'acquéreur des biens héréditaires paiera au plus le total des créances et des
legs.

L'objection n'est qu'apparente. Non seulement
elle ne s'applique pas à l'époque de Justinien, et déjà,
depuis deux siècles, où les biens étaient vendus en
détail pour un prix fixé par les enchères ; mais encore elle n'est point exacte pour l'époque classique.

1. L. 1 § 17. *De separationibus.*

La vente avait bien lieu en masse, mais, comme
nous l'avons déjà indiqué incidemment, nous ne
voyons, ni dans un texte, ni dans un principe de
droit, uue raison de déclarer que le prix ne peut
être supérieur au total des créances. Sans doute
quand il s'agit d'une véritable saisie des biens d'un
débiteur insolvable, l'acquéreur ne paiera qu'un dividende, mais si les biens sont considérables et les
dettes inférieures à l'actif, l'acquéreur peut s'enga-
ger à payer tant pour cent au-dessus du total des
dettes. Ce sera surtout dans l'hypothèse de la *separatio bonorum* que cela arrivera.

Que les biens héréditaires soient suffisants ou non
pour payer tous les créanciers héréditaires, il faut
déclarer en principe que la séparation profite à tous
les créanciers et légataires qu'ils l'aient demandée
ou non. Ils seront payés tous, suivant la qualité de
leur créance et non pas également. Les créanciers du
défunt, munis d'un gage ou ayant une hypothèque
seront payés les premiers sur les biens affectés à leur
créance. Les créanciers privilégiés viendront avant
les créanciers simplement chirographaires qui se
partageront au marc le franc le surplus des biens,
avant que les légataires puissent rien prétendre.

Nous avons vu que les créanciers du défunt peuvent s'enlever le droit d'invoquer la *bonorum separatio*, en suivant *nomen et personam heredis*. Non seule-

ment, ceux qui ont suivi cette voie ne peuvent plus revenir sur cette option, et demander le bénéfice qu'ils ont répudié, mais ils ne peuvent même pas profiter de la séparation qui serait demandée par les autres créanciers héréditaires. Cette situation différente des créanciers du défunt a donné naissance à une difficulté, à une question dont Ulpien nous donne la solution. « Quæsitum est, si forte sint plures creditores, quidam secuti heredem, quidam non secuti ; et hi qui heredem secuti non sunt, impetraverunt separationem an eos secum admittant, qui secuti sunt ? Et putem nihil eis prodesse ; hos enim cum creditoribus heredis numerandos ». (L. 1 § 16 D. *de separationibus*).

La séparation des patrimoines ne peut être d'aucune utilité à ceux qui ont ainsi suivi la foi de l'héritier. Faut-il en conclure que les créanciers qui ont obtenu la séparation des patrimoines auront seuls droit au produit de la vente des biens héréditaires, ou bien faut-il décider d'une manière absolue que la séparation ne peut produire aucun effet dans les rapports des créanciers du défunt entre eux ? C'est à ce dernier parti que se rattachent certains auteurs, et le grand argument en faveur de cette doctrine, c'est que la séparation des patrimoines est une institution dont le but est de rétablir la justice, en faisant considérer le défunt comme étant encore vivant, or si le *de cujus*, n'était pas mort, ses créanciers chirographaires viendraient tous en concours. Seulement, comme ceux qui ont suivi la foi de l'héritier ne peuvent avoir aucune préférence vis-à-vis des créanciers de l'héritier, ils devront comprendre dans les biens de l'héritier, gage commun de tous ses créanciers, ce qu'ils ont obtenu ainsi sur les biens du défunt.

Nous ne pensons pas que ce soit là la véritable pensée d'Ulpien. La séparation ne doit pas servir aux créanciers qui nous occupent ; mais quelle en est la raison ? *hos enim cum creditoribus heredis numerandos.* Ces créanciers sont confondus au nombre des créanciers de l'héritier, ils ne peuvent donc avoir aucun droit sur la masse des biens héréditaires (1).

1. Faut-il conclure de ce qui précède que les légataires eux-mêmes, qui ont obtenu la séparation des patrimoines, passeraient avant les créanciers du défunt qui ont suivi la foi de l'héritier. Nous ne le croyons pas. Nous avons ici à appliquer non-seulement les règles de notre titre, mais aussi celles qui sont spéciales aux legs. Or parmi ces règles, il en est une en vertu de laquelle il ne peut y avoir de legs valables vis-à-vis des créanciers, qu'autant que le défunt est mort solvable : *non sunt bona nisi deducto ære alieno* (L. 39, § 1, D. Liv. 50, T. 16). Cette règle s'applique qu'il y ait séparation des patrimoines ou non. Nous pourrons dire que, dans notre hypothèse, les légataires ne pourront même pas demander ou invoquer la séparation, puisqu'ils ne sont pas valablement légataires. Nous n'avons rencontré cette solution dans aucun texte, mais elle nous paraît découler des principes.

Supposons maintenant que les biens du défunt sont insuffisants pour désintéresser entièrement ses créanciers. Ceux qui ont demandé la séparation des patrimoines peuvent-ils ensuite s'adresser à l'héritier et lui demander le surplus de ce qui leur est dû ?

Un point sur lequel tout le monde est d'accord, c'est que les créanciers héréditaires ne peuvent prétendre venir en concours avec les créanciers de l'héritier sur les biens de ce dernier. Ce n'est donc qu'autant que les créanciers personnels de l'héritiér ont été entièrement payés que la question peut se poser (1).

Suivant Paul (L. 5 *de separationibus*), les créanciers héréditaires n'ont point ce droit. Et pour motiver sa décision il invoque les raisos suivantes : « cum enim separationem petierunt, recesserunt a persona heredis, et bona secuti sunt, et quasi defuncti bona vendiderunt : quæ augmenta non pos-

---

1. Nous ne savons pas si, comme on l'a prétendu, la doctrine de Papinien exigeait, pour être logique, que les créanciers héréditaires viennent même en concours avec les créanciers de l'héritier, par ce motif que les créanciers du défunt, créanciers en même temps de l'héritier en vertu de l'adition d'hérédité, avaient dans la séparation un bénéfice qui ne pouvait se retourner contre eux. Ce qui est certain, c'est que Papinien lui-même n'accordait aux créanciers, qui avaient obtenu la séparation, des droits sur les biens de l'héritier, qu'autant que ces biens n'étaient plus le gage de ses propres créanciers (V. L. 3, § 2, D. *De separationibus*).

sunt recipere. » Les créanciers ne peuvent plus
avoir aucun droit sur le patrimoine de l'héritier,
puisqu'ils se sont séparés de la personne de l'héritier, ils ne l'ont pas voulu pour débiteur : il ont,
dit le jurisconsulte, vendu les biens du défunt, et
ces biens ne peuvent plus recevoir aucune augmentation. Du reste ce résultat n'est pas injuste, aussi
la solution est-elle vraie, même quand les biens du
défunt sont moins considérables que les créanciers
ne l'avaient cru. Les créanciers doivent s'imputer à
faute la facilité avec laquelle ils ont demandé un
bénéfice qui leur était simplement offert.

Ulpien, qui adopte l'opinion de Paul, y apporte
cependant un tempéramment d'équité. Dans certains cas les créanciers héréditaires pourront se
faire restituer contre les conséquences dommageables de leur option. « Si tamen temere separationem
petierunt creditores defuncti impetrare veniam
possunt, justissima scilicet ignorantiæ causa allegata ». (L. 1, § 17. D. *de separatioinibus*). Ce n'est là
qu'un des cas dans lesquels le préteur accorde contre un acte libre d'une personne la *restitutio in integrum*. Le préteur qui peut paralyser les effets produits par un principe du droit civil, peut, à plus
forte raison, anéantir les conséquences dommageables d'un droit qu'il avait lui-même accordé. Aussi
nous semble-t-il que Paul, aussi bien qu'Ulpien,

admettait la *venia justissima ignorantiæ causa allegata*. La *restitutio in integrum* est accordée en effet en cas de *justus error*, d'erreur plausible (Paul, *Sent.* L. 1, T. 7, § 2.)

La solution donnée par Paul et Ulpien est combattue par Papinien. Suivant ce jurisconsulte, il vaut mieux décider que, si les créanciers de l'héritier ont été désintéressés, les créanciers héréditaires pourront se faire payer sur les biens de l'héritier. « Probari commodius est, ut si solidum ex hereditate servari non possit, ita demum aliquid ex bonis heredis ferat, si proprii creditores heredis fuerint dimissi. » L. 3, § 2, D., *de sep*.

La contradiction entre les jurisconsultes romains est évidente. Cependant les amateurs de conciliation ont encore cherché à mettre en harmonie ces différents textes. Suivant les uns Paul, dans la loi 5, s'occuperait du cas où les créanciers héréditaires prétendraient venir en concours avec les créanciers de l'héritier et dans ce cas Papinien lui-même déciderait avec Paul, que leur prétention est mal fondée. Une simple lecture du texte de Paul suffit pour démontrer que telle n'est pas l'hypothèse prévue par ce jurisconsulte.

D'après d'autres auteurs il faudrait supposer que Papinien s'est placé dans un cas tout particulier : probablement les créanciers héréditaires n'ont point

agi étourdiment, ils ont eu une juste cause de croire
que l'héritier était insolvable ; voilà pourquoi Papinien vient à leur secours et leur permet de prendre
ce qui reste des biens de l'héritier pour se faire
payer sur le prix. Cette conciliation n'est pas plus
exacte que la première : Papinien ne se place pas
dans le cas d'une erreur commise, et d'une *restitutio in integrum* ; c'est d'une manière générale qu'il
donne sa solution.

Nous n'insistons pas. Il est certain qu'il y a eu
controverse entre les jurisconsultes. Paul nous le
déclare expressément. Il y en a, dit-il, qui accor-
dent ce droit aux créanciers héréditaires : *mihi autem non videtur*. (L. 5, D., *h. t.*).

Maintenant, si on se demande laquelle des deux
solutions proposées était plus en rapport avec la nature même de la *bonorum separatio*, nous n'hésite-
rons pas à nous rallier à la théorie de Paul et d'Ulpien. Nous avons déjà eu l'occasion de voir que les
créanciers héréditaires ont deux voies entre lesquelles ils doivent choisir : ou s'en tenir aux effets
de l'adition d'hérédité, et alors ils conservent l'héritier comme débiteur, ou bien s'adresser au préteur et se faire autoriser par lui à considérer comme
non avenue la confusion résultant de l'adition, et
alors ils se détachent de l'héritier, ils ne veulent
pas de lui pour débiteur. En vertu du principe :

Electa una non datur recursus ad alteram, nous avons déjà vu que le choix est irrévocable, et en conséquence que celui qui accepte l'héritier pour débiteur, ne peut demander la séparation ; nous voyons ici la contre-partie de ce principe, celui qui a demandé la séparation ne peut considérer l'héritier comme son débiteur. C'est une des raisons que Paul donne de sa décision : « Non poterunt reverti ad heredem, sed eo quod semel postulaverunt, stare debent. » D'ailleurs, Papinien avoue qu'il n'est pas l'interprète des principes rigoureux, mais qu'il est bien plutôt guidé par des motifs d'équité.

Si on se demande pourquoi une différence aussi considérable entre les créanciers de l'héritier et ceux du défunt, nous répondrons avec Paul que cela tient à deux motifs, l'un d'équité, l'autre juridique. Les créanciers de l'héritier ne demandent pas la séparation, ils la subissent, mais seulement en tant que cela est nécessaire pour sauvegarder les droits des créanciers héréditaires. Ceux-ci, au contraire, ont fait un choix qu'ils pouvaient ne pas faire. D'autre part, puisque les créanciers héréditaires veulent agir comme si leur débiteur était encore vivant, ils ne peuvent prétendre à une augmentation de patrimoine qui ne vient point de leur débiteur : ce dernier n'acquerra jamais rien. Les créanciers de l'héritier sont créanciers d'une personne vivante, dont

le patrimoine subit des transformations successives.
« Proprii autem heredis creditores habent propria
ejus bona, et personam, quæ potest, donec vivit, ad-
quirere » (L. 5, *in fine*).

Jusqu'ici nous avons raisonné dans l'hypothèse
ordinaire où les créanciers, qui avaient demandé la
séparation des patrimoines, n'ont point contre l'héritier d'autre titre que l'adition d'hérédité.

Il nous reste maintenant a voir une hypothèse
plus compliquée que Papinien indique dans la loi 3,
§ 1, à notre titre. Nous avons vu que, quand un
débiteur principal succède à sa caution, malgré la
confusion qui s'établit entre la dette et la fidéjussion et qui semblerait devoir amener l'extinction de
cette dernière, les créanciers héréditaires peuvent
demander la séparation des patrimoines (1). Quand
les biens du fidéjusseur ont été vendus et le prix
distribué, si les créanciers ne sont pas complètement désintéressés peuvent-ils recourir contre le
débiteur principal, qui est en même temps héritier,
et venir au marc le franc avec les autres créanciers
personnels de l'héritier? (2)

1. A cette hypothèse il faut assimiler celle ou le fidéjusseur
succède au débiteur principal.

2. Ici le créancier ne demande plus seulement à se faire payer
sur les biens restés libres dans le patrimoine de l'héritier, il demande à concourir, comme créancier de l'héritier, avec les
autres créanciers du même individu.

. Papinien répond affirmativement à cette question, « ratio non patitur eum in proposito summoveri » : (L. 3, § 1, D. *De separationibus.*) Qu'on le remarque, la raison de douter ne tient plus au même ordre d'idées que celui que nous étudiions un peu plus haut. Ce n'est pas comme créancier héréditaire que se présente ce créancier, c'est comme créancier direct de l'héritier, débiteur principal indépendamment de toute succession. Par conséquent la controverse qui existait entre Paul et Ulpien ne peut se reproduire dans notre question. Le jurisconsulte ne nous indique plus son opinion personnelle, mais une solution de la loi romaine. Aussi bien Papinien est-il très affirmatif dans la solution qu'il donne comme conforme à la raison.

La difficulté d'interprétation de la loi 3, § 1, vient de la théorie romaine de la *litis contestatio* avant Justinien, et des droits qui pouvaient appartenir au créancier contre le débiteur principal et le fidéjusseur.

A l'époque classique, quand le créancier avait poursuivi le débiteur principal il ne pouvait plus s'adresser au fidéjusseur ; et, réciproquement, après avoir demandé le paiement à la caution, si cette dernière était insolvable, le créancier n'avait plus aucun droit contre le débiteur. Ce fait de porter le droit en justice l'avait éteint pour donner naissance

à un droit né de la *litis contestatio* et existant uniquement à l'encontre de celui qui a figuré au procès, à la délivrance de la formule (Gaius III, § 180).
Néanmoins cela n'empêche pas Papinien de nous
dire que si le créancier peut prendre part à la distribution du prix provenant des biens de l'héritier,
c'est que s'il n'y avait pas eu confusion des deux
patrimoines il aurait pu agir contre le fidéjusseur
d'abord, et ensuite, s'il n'était point désintéressé,
poursuivre le débiteur principal, « sed cum stipu-
lator iste non adita fidejussoris a reo hereditate,
bonis fidejussoris venditis, in residuum promisceri
debitoris creditoribus potuerit. » (L. 3 § 1. D. *de
separationibus*.

C'est qu'en effet, même à l'époque classique, il y a
des cas exceptionnels dans lesquels le créancier
pourra successivement poursuivre son droit et sur
les biens du fidéjusseur et sur les biens du débiteur
principal. Cela arrivera chaque fois que son droit
primitif ne recevra aucune atteinte par suite de la
litis contestatio, chaque fois qu'il pourra se faire
payer en partie sans être obligé d'obtenir jugement
contre l'un ou l'autre de ses deux débiteurs principal ou accessoire. Cela arrive quand le débiteur ou
fidéjusseur poursuivi avoue sa dette devant le préteur, quand il se cache frauduleusement, enfin, et
c'est notre cas, quand il vient à mourir et que son

hérédité ne se trouve point représentée par un héritier qui accepte. Or, nous dit Papinien, dans la loi
précitée, si le débiteur principal, héritier de la caution, n'avait point accepté la succession, le créancier aurait pu, sans aucun jugement, faire vendre
les biens du *de cujus* et se faire payer sur le prix,
et en cas de payement partiel seulement, recourir
ensuite contre le débiteur principal. D'un autre
côté la séparation des patrimoines ne crée-t-elle pas,
au moins vis-à-vis du créancier, une situation analogue à celle d'un défunt mourant sans héritier
acceptant. Cette décision de Papinien est donc parfaitement logique.

Il est inutile d'ajouter qu'aucune difficulté n'existe
plus à l'époque de Justinien puisque ce prince décide dans la loi 28 au Code *de fidej. et mandator*. Liv. 8,
Tit. 41, que le créancier peut poursuivre successivement le débiteur principal et les débiteurs accessoires jusqu'à ce qu'il ait obtenu le complet paiement de ce qui lui est dû.

DE LA CONVERSION

DE LA SÉPARATION DE CORPS EN DIVORCE

INTRODUCTION

S'il est une institution qui ait été soutenue d'une part, et combattue de l'autre avec acharnement, c'est le Divorce. Il n'y a du reste point à s'étonner de cela. Le divorce est une institution qui se rattache par les liens les plus intimes à la liberté de conscience, à la famille et par conséquent à la société.

Le divorce se rattache à la conscience, aussi a-t-il été combattu par ceux qui, catholiques sincères, ont vu en lui une institution réprouvée par l'Eglise. D'autre part, il a été défendu par presque tous ceux qui, ne voyant dans le mariage qu'un lien purement civil, nous allions dire un contrat ordinaire, pensent que le divorce est un remède nécessaire, quand le lien du mariage s'est relâché en fait à un tel point que la vie commune est devenue impossible entre les époux.

Ces hautes considérations ont été invoquées par les orateurs partisans ou adversaires du divorce, dans la discussion qui a précédé la loi du 27 juillet 1884. Si nous avions traité la question du divorce dans son ensemble, nous aurions peut-être cédé à la tentation de présenter à notre tour ces considérations, de les peser et d'apprécier ainsi la valeur de la loi actuelle. Nous pensons, en effet, qu'un jurisconsulte ne doit pas, tout en s'inspirant de l'esprit de ceux qui ont fait la loi, s'interdire d'apprécier l'œuvre législative. Mais notre sujet plus restreint ne nous permet pas de développer une théorie dont la généralité cadrerait mal avec une question toute spéciale, un point presque imperceptible dans la longue loi du divorce.

Une considération seulement au point de vue pratique nous paraît trouver ici sa place. Partisans ou adversaires du divorce doivent dans une discussion des textes de la loi dans l'interprétation de l'étendue qu'il convient de leur reconnaître, faire abstraction de leurs désirs et donner exactement à la loi le sens qu'elle comporte. L'extension ou la restriction à apporter à l'œuvre du législateur de 1884, appartient au législateur lui-même et non à l'interprète. Les dogmes religieux ou l'esprit de libre pen-

sée ne doivent exercer aucune influence sur la décision de la question soumise au jurisconsulte.

Mais ce serait méconnaître la vérité historique
que nier cette influence sur l'esprit des législateurs français, chaque fois que s'est posée devant
eux la question du divorce et de la séparation de
corps.

Sous l'ancien droit, la religion catholique est la
religion de l'Etat, le mariage est soumis à la législation canonique ; aussi la séparation de corps est
elle seule admise. Le divorce prohibé par l'Eglise,
ne passe point du Droit romain dans notre Droit
français. Puis vient la Révolution de 1789 ; l'Eglise
perd les prérogatives qui lui appartenaient et par
suite d'une réaction exagérée, le divorce prend
place dans notre législation, non pas à côté de la
séparation de corps, mais à son détriment.

C'est dans cet état de la législation qu'est entre-
prise l'œuvre du Code. Les rédacteurs se demandent
s'ils doivent maintenir le divorce, non pas certes tel
qu'il a été établi en 1792, mais dans son principe,
ou bien s'ils doivent rétablir la séparation de corps
seule ou bien encore s'il faut admettre l'un et l'autre.
Question délicate assurément. Le projet de Code civil ne mentionnait que le divorce. Le sentiment religieux des catholiques se trouvant froissé, on réta-
blit à côté du divorce la séparation de corps. Mais

l'influence du projet se fait toujours sentir. Le divorce, réglementé en ce qui touche ses causes, ses
effets, sa procédure, attire seul l'attention du législateur. La séparation de corps passe presque ina-
perçue. De ses causes, il n'est fait mention que par
le renvoi aux causes du divorce ; et sa procédure est
celle des affaires ordinaires.

Sans doute on parle des effets de la séparation de
corps dans trois articles ; deux sont consacrés au
droit pénal, le dernier est relatif au régime matrimonial. Ce n'est, il est facile de le voir, qu'un effet
tout accessoire. Mais quels sont les effets directement produits dans les rapports des époux entre
eux, soit au point de vue des personnes, soit à celui
des intérêts pécuniaires ; quelle est surtout l'influence de la séparation de corps sur la situation des
enfants ? Il n'en est aucunement question, bien que,
quelques articles plus haut, toutes ces questions
aient attiré l'attention du législateur.

Il est facile de prévoir dès lors toutes les difficultés que les interprètes et les magistrats ont eues à
résoudre, difficultés devenues encore plus fréquentes
par suite de la loi du 8 mai 1816. Ce ne sera pas
une des moindres parties de notre tâche de rechercher le principe qui doit nous guider dans toutes ces
questions, quand nous aurons à nous demander
quels sont les effets produits par la substitution du
divorce à la séparation de corps.

Lorsque, de nos jours, la question du divorce s'est posée devant les Chambres, il n'a pas été question de supprimer la séparation de corps. Le respect des convictions religieuses des catholiques ne permettait pas de revenir à la législation de 1792.

On aurait pu espérer que le législateur, connaissant toutes les difficultés soulevées sous l'empire de la législation précédente, s'efforcerait de trancher toutes les controverses qui, grâce aux revirements possibles de la jurisprudence, peuvent compromettre si gravement l'intérêt des particuliers.

Cet espoir a été déçu. Le législateur préoccupé avant tout de faire passer dans la loi le principe nouveau, a évité, avec un soin tout particulier, de se prononcer sur toutes ces questions relatives aux effets de la séparation de corps, parce que le Code civil n'en avait pas parlé. Bien qu'un nouveau projet soit présenté pour compléter ou modifier la loi du divorce, surtout au point de vue de la procédure, bien des obscurités subsisteront, et c'est avec un véritable regret que nous constatons ce qu'on pourrait appeler la faiblesse et la pusillanimité du législateur, qui, de nouveau, veut écarter toute question irritante pouvant s'élever sur l'article 310 du Code civil. Sans doute on aime mieux que ce débat délicat s'élève indéfiniment dans le prétoire des tribunaux, et que des solutions absolument contradictoires viennent faire croire au public que la loi est interprétée par les magistrats au gré de leurs passions, nous ne voulons pas dire de certains intérêts particuliers.

Quoiqu'il en soit, le maintien simultané du divorce et de la séparation de corps fait naître une question législative spéciale. Y a-t-il lieu de permettre le passage d'un de ces états à l'autre. Notre loi de 1884 le permet, et va même à ce point de vue plus loin que le Code civil. Ce dernier n'avait permis, du moins c'était l'opinion générale, de demander la conversion de la séparation de corps en divorce qu'à l'époux originairement défendeur, et cela même seulement dans le cas où l'époux innocent ne consentirait pas à reprendre la vie commune. Un des grands arguments en effet en faveur du divorce, argument qui avait même failli faire rejeter la séparation de corps, c'est qu'un époux qui consent à s'imposer un célibat perpétuel, ne peut avoir la prétention d'imposer à son conjoint un pareil veuvage. Aussi l'époux coupable, s'il ne pouvait obtenir le divorce, pouvait-il, au bout d'un certain temps, s'adresser à son conjoint et le mettre en demeure de faire cesser le célibat qui lui était imposé, soit en consentant à reprendre la vie commune, soit, en cas de refus, en faisant prononcer le divorce et en obtenant ainsi la liberté de se marier. Telle était la disposition ancienne.

Cette disposition de la loi ancienne, a-t-on eu
raison de la maintenir et même de l'étendre, en
permettant au demandeur en séparation d'invoquer
la conversion en divorce? La solution peut paraître
délicate ; néanmoins, du moment où dans la législation on admet le divorce, nous pensons que la question doit être résolue affirmativement. Sans doute
l'époux qui a obtenu la séparation serait mal venu
à demander immédiatement la conversion de la séparation de corps en divorce ; mais au bout de trois
ans on ne peut lui adresser le reproche d'irrésolu-
tion. Il n'a d'abord demandé que la séparation de
corps, parce qu'il espérait que le repentir de son
conjoint, uni au désir de réparer la faute commise,
permettrait de reprendre la vie commune. L'ex-
périence lui a démontré qu'il n'en était point ainsi,
et en conséquence il demande la rupture d'un lien
qui s'est trop relâché pour pouvoir jamais réunir les
deux époux.

On faisait à cela deux objections qui, avec
raison, n'ont pas arrêté le législateur. La prononciation de la séparation de corps donne, dit-
on, naissance à une certaine situation de fait, qui
engendre un droit acquis en faveur du conjoint
coupable aussi bien que du conjoint innocent.
Nous répondrons qu'il ne peut pas y avoir de
droit acquis là où il s'agit d'une disposition d'ordre

public. Du reste, par ce seul fait qu'une personne n'a point usé du droit qui lui appartenait dans toute sa rigueur, la déclarerait-on déchue du droit de demander plus tard l'exécution pleine et entière de ce qui est son droit strict?

Nos anciens auteurs et plusieurs décisions de jurisprudence semblent avoir été inspirés par une autre considération formant une seconde objection contre le système adopté par la loi de 1884. La séparation de corps a été admise en faveur de l'époux catholique à qui sa conscience défend d'invoquer le divorce. Il serait immoral de la part de cet époux de dire, pour demander la séparation que sa conscience lui défend de divorcer, et de venir quelque temps après demander le divorce. On a répondu à cela (et ce n'était peut-être pas la meilleure réponse) que la liberté de conscience existant, on avait pu, dans l'intervalle, changer de principes religieux. Nous pensons qu'il y a une meilleure réponse à faire. Sans doute c'est en faveur de ceux qui professent la religion catholique que la séparation de corps a été maintenue, mais elle a été mise d'une façon absolue à la disposition de tous, chacun peut y recourir de préférence au divorce pour une raison ou pour une autre, sans qu'on soit en droit de faire intervenir daus ce choix, au point de vue légal, une question de conscience.

Ce sont les instances qui ont pour but de convertir à la séparation de corps en divorce qui vont nous occuper dans cette étude.

Nous aurons à nous demander :

1° Quelles conditions la loi a mises à cette conversion ;

2° Quelle est la procédure à suivre ;

3° Quels sont les effets de la substitution d'une institution à l'autre.

CHAPITRE I

A lire la loi du 27 juillet 1884 on est tenté de
dire que la substitution du divorce à la séparation
de corps ne peut avoir lieu que dans un cas : lorsque l'un des époux au bout d'un certain délai après
la séparation de corps demande purement et simplement la conversion de cette séparation de corps
en divorce.

C'est bien là l'idée que suggère à première vue la
lecture de l'article 310 nouveau. Mais, outre ce
mode général, ordinaire, nous aurons à nous demander s'il n'y a point d'autres circonstances dans
lesquelles le divorce peut être substitué à la séparation de corps.

Chacun de ces deux ordres d'idées fera l'objet
d'une section spéciale.

Section I

Des demandes en conversion proprement dites.

La substitution d'une législation à une autre, l'introduction d'une institution nouvelle donne toujours lieu à des questions transitoires, en même temps qu'à l'étude de la législation elle-même. Aussi aurons-nous à étudier la conversion dans deux circonstances : 1° quand l'époux demande le divorce à la suite d'une séparation prononcée depuis la loi du 27 juillet 1884 ; 2° quand il s'agit de la conversion demandée par un époux qui a été séparé de corps avant le rétablissement du divorce en France. Peut-être devrons-nous donner absolument les mêmes solutions, mais les objections soulevées ne sont pas de même nature et méritent chacune une réponse différente.

L'article 310 décide que : « Lorsque la séparation de corps aura duré trois ans, le jugement pourra être converti en jugement de divorce, sur la demande formée par l'un des époux. »

Il faut donc se demander : 1° quelles personnes peuvent agir en conversion ; 2° quelles sont les conditions requises par la loi ?

7

A. *Quelles personnes peuvent agir en conversion ?* — Sous l'empire du Code civil, la question de savoir si les deux époux pouvaient demander la conversion de la séparation de corps en divorce avait été controversée. Il avait semblé à quelques-uns qu'un droit donné à l'époux coupable ne pouvait être refusé à l'époux innocent. D'autres personnes, et cette opinion avait prévalu, avec raison, suivant nous, d'autres personnes pensaient que les termes mêmes de l'article 310 ne permettaient pas d'étendre à l'époux demandeur en conversion la faculté accordée à l'époux défendeur. Les raisons n'étaient pas les mêmes ; le divorce, il l'avait rejeté et ne pouvait y revenir. S'il était condamné à un veuvage perpétuel, c'était par sa volonté et non par celle d'un autre, comme cela arrivait au contraire pour le défendeur.

Sur ce point, le législateur de 1884 a adopté une solution complètement différente. Les deux époux concurremment, le demandeur comme le défendeur, peuvent demander la conversion (1). Cela est évidemment équitable pour ceux qui, ayant demandé

---

1. Nous adoptons ici une solution repoussée par plusieurs décisions de jurisprudence, qui déclarent que le défendeur à la séparation ne peut demander la conversion. Cette théorie prend son point d'appui dans le pouvoir d'appréciation accordé aux tribunaux. Nous exposerons la controverse quand nous nous occuperons de cette question.

la séparation de corps avant la loi actuelle, n'ont
pas à se reprocher d'avoir préféré cette voie au divorce. Cela a paru encore juste pour ceux qui, ayant
le choix, ont opté pour la séparation de corps en
présence du divorce. Nous ne rappellerons pas les
raisons qui ont été invoquées pour justifier cette solution ; nous les avons suffisamment indiquées dans
notre introduction.

Quelle capacité les époux doivent-ils avoir pour
agir? S'ils sont mineurs, ont-ils besoin d'une autorisation quelconque? S'ils sont interdits, peuvent-
ils agir par eux-mêmes ou être représentés par leur
tuteur?

Quand une personne veut contracter mariage et
qu'elle se trouve placée sous la puissance de ses parents, elle ne peut agir sans leur consentement ou
au moins sans les consulter. A défaut de parents
pour un mineur, il faut l'autorisation du conseil de
famille. Faut-il obtenir le même consentement pour
le divorce? La négative est certaine. La loi, quand
elle exige le consentement de certaines personnes,
le dit en termes formels : en cas de mariage, d'adop-
tion. Mais pour le divorce, la loi, si prodigue cependant de formalités à accomplir, n'a aucunement
exigé le consentement des parents, de la famille. Ou
plutôt, pour être exact, l'article 278 du Code civil,
relatif au divorce par consentement mutuel, exi-

geait cette autorisation ; mais cela n'est point requis pour le divorce pour causes déterminées. C'est qu'alors le divorce s'appuie sur des faits qui, s'ils sont prouvés, donnent le droit absolu à un époux d'obtenir la dissolution du lien conjugal. Et ces faits, c'est la justice qui est chargée d'en constater l'existence, d'en apprécier la gravité.

Mais puisqu'il s'agit d'une action à intenter en justice, admettrons-nous l'époux demandeur à agir seul en conversion s'il est encore mineur ? Il s'agit en effet, dans ce cas d'une action des plus importantes même quand on admet que les articles 299 à 303 du code civil s'appliquent à la séparation de corps, puisqu'il s'agit de la rupture du lien matrimonial. Pour ceux qui admettent que les effets contenus dans ces dispositions ne s'attachent qu'au divorce, l'importance de la demande augmente encore. Malgré cette raison nous pensons que l'époux séparé de corps, même s'il est encore mineur, peut demander seul la conversion en divorce. Vouloir comparer cette demande aux procès ordinaires, dans lesquels le mineur peut être engagé, c'est vouloir mettre en parallèle deux choses qui n'ont aucun point de contact, aucune ressemblance.

Il est évident qu'on ne peut interpréter le titre du divorce par le titre de la tutelle. Dans la demande en divorce proprement dite, chaque époux nous apparaît, dans tous les détails de la procédure comme, agissant seul, sans aucune autorisation, sans aucune assistance. D'où on peut conclure que les époux peuvent demander seuls leur divorce d'une façon directe, comment hésiter à leur permettre de demander seuls la conversion de la séparation de corps en divorce (1).

Nous donnerons la même solution, et pour les mêmes raisons, si l'époux est pourvu d'un conseil judiciaire, bien qu'en règle générale le prodigue, ou celui qu'on appelle le demi-interdit, ne puisse plaider sans l'assistance de son conseil judiciaire.

La question est beaucoup plus délicate en ce qui concerne l'interdit judiciairement. Celui qui est séparé de corps et qui a été interdit judiciairement pour faiblesse d'esprit, peut-il, par lui-même ou par un représentant, demander la conversion en divorce ? Plusieurs solutions sont proposées sur cette question. D'après les uns, l'interdit judiciaire peut agir par lui-même ; suivant d'autres auteurs, il sera représenté dans l'instance par son tuteur ; d'après d'autres personnes encore, la conversion ne pourrait jamais être réclamée soit par l'interdit lui-même, soit par son représentant.

1. Nous nous empressons de faire observer que ce cas se présentera rarement puisqu'il doit s'écouler trois ans entre la séparation et le divorce. Cependant comme les femmes peuvent se marier à 15 ans, le cas n'est pas absolument impossible.

Il va sans dire que si on permet à un interdit d'agir lui-même, ce ne peut être que dans un intervalle lucide. Mais même dans cet état, peut-on lui permettre d'intenter cette action ? La réponse dépend de la solution donnée à une autre question : pendant un intervalle lucide, l'interdit reprend-il l'exercice des droits qui sont tellement attachés à la personne que le titulaire seul peut les exercer. La question se pose identiquement la même à propos du mariage, de la donation, du testament, excepté que, dans notre hypothèse, il n'y a aucun texte spécial qui puisse être invoqué. La question ainsi posée sort du cadre de notre étude et nous nous contenterons de dire que, à notre avis, l'interdit pourrait demander la conversion de la séparation de corps en divorce.

Si on adopte la négative, et dans tous les cas où l'interdit n'aurait pas d'intervalles lucides suffisants pour intenter cette action, doit-on déclarer impossible la conversion, ou bien remettre l'exercice de cette action au tuteur de l'interdit ? C'est au tuteur que la loi remet, d'une manière générale, l'exercice des actions qui appartiennent à l'interdit, qui rentrent dans son patrimoine ; par conséquent, dit-on, le tuteur peut agir et demander la conversion. Cela doit être d'autant mieux admis que dans notre question il ne s'agit plus, comme dans le cas de divorce proprement dit ou de séparation, d'apprécier la gravité des faits invoqués de part et d'autre, l'injure qui a été ressentie : tout cela a déjà été débattu lors de l'instance en séparation de corps. — On peut encore ajouter un autre argument : « Il est impossible, dit M. Demolombe en matière de séparation de corps, de ne pas venir au secours d'un malheureux interdit qui ne serait, de la part de son conjoint, qu'un objet de mépris ou de cruauté, ou dont le conjoint aurait encouru une condamnation infamante, ou se livrerait à l'adultère. Il est moral d'ailleurs et très utile, qu'en aucun cas l'impunité ne soit assurée aux désordres de l'un des conjoints. » (Demolombe, T. IV, n° 428) (1).

Ce raisonnement, adopté par la jurisprudence, ne

1. Si on admet que l'interdit puisse être représenté par son tuteur, il faut se demander si ce dernier agira seul, ou s'il sera tenu d'obtenir l'autorisation du conseil de famille. La jurisprudence nous paraît logique en n'exigeant pas cette autorisation. En effet, si nous appliquons les textes de la tutelle, et nous n'en avons pas d'autres, nous sommes en présence de ce principe que l'autorisation du conseil de famille est exigée dans certains cas limitativement déterminés; or, notre hypothèse n'y est pas prévue. On ne peut, avec certains auteurs, déclarer que ce principe est exact en ce qui concerne les biens, mais qu'il n'a point été établi pour les questions qui intéressent la personne. Cela nous paraît arbitraire, ou, plutôt, cela tend à démontrer que les textes n'ont point eu pour but de réglementer ces questions, et que, par conséquent, l'immixtion du tuteur dans un certain nombre de questions purement relatives à la personne est illégale,

nous paraît pas exact. Il ne s'agit pas ici des soins que réclame la personne de l'interdit, il ne s'agit pas non plus de ses intérêts pécuniaires, il s'agit de l'exercice d'un droit absolument personnel, dans lequel les questions de conscience entrent pour beaucoup. Pas plus qu'un tuteur ne peut représenter l'interdit dans le mariage, il ne peut en poursuivre la dissolution par le divorce. « Il n'y a pas d'action plus personnelle que celle du divorce. La loi ne la donne qu'à regret, c'est à l'époux lésé seul à voir s'il lui convient de l'intenter. La conscience peut d'y opposer. De quel droit un tiers ferait-il au nom de l'interdit un acte que l'interdit peut-être ne voudrait pas faire ? Les causes du divorce sont tellement personnelles qu'on ne conçoit pas l'intervention du tuteur ; c'est une injure, c'est-à-dire ce qu'il y a de plus personnel au monde : l'injure s'efface par le pardon ; or, qui sait si l'interdit n'a pas par donné ? » (Laurent, T. III, 216). Sans doute, il peut y avoir là un résultat fâcheux, mais il faut dire avec le même auteur « Vainement invoque-t-on la morale et la malheureuse position de l'interdit, misérable jouet d'un conjoint déhonté ou cruel. Ces considérations s'adressent au législateur ; l'interprète n'a pas à s'en préoccuper » (1).

1. Ces considérations ont touché le législateur français. Le gouvernement a déposé à la fin de la législature dernière, sur le bu-

Telles sont les considérations qui nous font repousser le système de la jurisprudence française. On a encore invoqué contre cette jurisprudence une considération qui ne nous paraît pas juridique et que pour notre part nous repoussons. Le tuteur de l'interdit, a-t-on objecté, peut être son conjoint (article 506 du Code civil). Ne serait-il pas étrange de voir le tuteur invoquer la conversion contre lui-même. Cette objection nous ne l'invoquerons pas parce que : 1° Nous pensons que la séparation de corps met obstacle à l'application de l'article 506 ; 2° Même dans le cas où l'interdit serait sous la tutelle de son conjoint, cela ne mettrait pas obstacle à la demande. Le tuteur, en cas de conflit d'intérêt avec celui qui est sous sa protection, est remplacé par le subrogé-tuteur.

Quelques personnes repoussent la représentation de l'interdit par le tuteur quand il s'agit de la demande directe en divorce, et permettent cette représentation dans l'action en conversion, parce que

reau du Sénat, un projet de loi dont l'article 1 est ainsi conçu : « Le tuteur de la personne judiciairement interdite peut, avec l'autorisation du conseil de famille, présenter la requête à fin de divorce. » Il en est évidemment de même en matière de conversion. Comme on le voit, le tuteur, contrairement aux décisions de la jurisprudence, ne peut agir qu'avec l'autorisation du conseil de famille. Ce projet, adopté par la commission du Sénat, n'a pas encore été discuté. Quand deviendra-t-il œuvre législative ? Il serait téméraire de le prévoir.

dans cette dernière, la présence personnelle du demandeur n'est pas exigée par la loi. Les raisons que nous avons invoquées plus haut ne permettent pas cette distinction.

Nous concluerons donc en disant que personne ne peut, au nom de l'époux, pas même le tuteur au nom de l'interdit, demander la conversion de la séparation de corps en divorce. Du reste, nous ne voyons pas un intérêt suffisant pour permettre cette action. L'époux qui nous occupe est séparé de corps et n'est plus, en conséquence, exposé aux mauvais traitements de son conjoint. Le seul avantage, ou au moins l'avantage le plus direct qu'il pourrait tirer de la substitution du divorce à la séparation de corps, serait de permettre un nouveau mariage à l'interdit et de rendre pareille liberté à son conjoint. Ce dernier point de vue est en dehors de la question et le premier est loin de nous toucher. Il n'est point désirable que l'interdit puisse se marier, et du reste, fût-ce désirable, que, en aucun cas, son tuteur ne pourrait le représenter dans l'acte de mariage. Et alors de deux choses l'une : ou bien l'interdit sera dans une intervalle lucide, et alors, dans une opinion, on lui permettra de se marier, mais aussi on ne pourrait lui refuser le droit d'intenter l'action en conversion. Ou bien il ne sera pas dans un intervalle lucide, ou encore dans une autre opi-

nion, on ne lui permettra jamais, vu son état d'interdiction, d'agir lui-même, mais alors le mariage,
but principal de la demande en conversion, est absolument impossible.

En principe la loi assimile l'interdit légal à l'interdit judiciaire, au point de vue de l'administration
des biens. Mais dans notre question, cette assimilation serait inexacte. De même que l'interdit légal
peut se marier, de même il peut demander la conversion de la séparation de corps en divorce. Il est
bien vrai que l'interdit ne peut se présenter en personne devant la justice : mais cela n'est point un
obstacle. C'est toujours lui qui intente l'action par
l'intermédiaire d'un représentant. Notre solution
du moins ne souffre aucune difficulté dans l'opinion
qui admet les parties à se faire représenter dans
l'instance en conversion (1).

Les considérations qui précèdent nous permettent
de ne pas insister sur la question de savoir si les
créanciers ou les héritiers des conjoints peuvent demander la conversion. Si on admet avec nous que
l'article 299 du Code civil s'applique à la séparation;
et que à ce point de vue la conversion ne peut pro-

---

1. Le projet de loi dont nous avons parlé contient encore une
disposition explicite à ce sujet : « En cas d'interdiction légale
résultant d'une condamnation, la requête ne peut être présentée
par le tuteur que sur la réquisition ou avec l'autorisation de
l'interdit. » (Art 1.).

duire aucun effet nouveau, il faut dire que les créanciers et les héritiers n'ont aucun intérêt à cette action ; or, point d'intérêt, point d'action. Même si on admet que les déchéances ne seront produites que par la substitution du divorce à la séparation de corps, il faut reconnaître que créanciers et héritiers, bien qu'ayant intérêt à agir, ne pourront intenter l'action en conversion. Pour intenter une action il faut non seulement y avoir intérêt, mais encore droit. Or, la demande qui nous occupe est absolument personnelle. La seule question qui puisse se poser est de savoir si les héritiers pourront poursuivre la demande intentée. Nous ne le pensons pas, même dans ce cas, parce que les déchéances sont l'accessoire du divorce et ne peuvent être poursuivies pour elles-mêmes. L'objet du divorce disparaissant il n'y a plus lieu à continuer l'action.

B. *Conditions requises par la loi pour la conversion.*

L'époux séparé de corps qui demande à substituer à cet état celui d'époux divorcé ne peut le faire qu'autant qu'il se trouve dans les conditions prévues en général par la loi, et que, dans l'espèce qui le concerne, il ne se rencontre aucun obstacle légal à la demande.

a) Conditions auxquelles est soumise l'action en conversion.

« Lorsque la séparation de corps aura duré trois

ans, le jugement pourra être converti en jugement de divorce. » (Art. 310).

Il faut donc qu'il y ait séparation de corps prononcée judiciairement. Il est évident que même après dix ans de séparation volontaire, les époux ne peuvent convertir cette séparation en divorce.

En vertu de l'article 156 du Code de procédure civile, les jugements par défaut contre partie, qui n'ont pas été exécutés dans le délai de six mois, sont considérés comme non avenus. La jurisprudence a fait plusieurs fois application de ce principe. (V. jugement du tribunal civil de Melun du 13 mai 1885). Cette décision est très juridique si on suppose que l'époux qui a obtenu la séparation de corps est resté avec son conjoint. Mais si nous supposons, et c'est l'espèce même de plusieurs décisions judiciaires, que celui contre qui la séparation de corps a été demandée et prononcée par défaut est absent c'est-à-dire sans domicile ni résidence connus, nous ne voyons plus pourquoi l'époux présent ne pourrait demander la conversion en divorce. Il nous semble que le jugement a reçu sa pleine et entière exécution, si on n'admettait pas ce système il dépendrait absolument de l'époux coupable de rendre impossible la séparation de corps et le divorce.

Il faut en second lieu que la séparation de corps ait duré trois ans, que ce soit l'époux demandeur ou l'époux défendeur qui agisse en conversion, il ne peut le faire immédiatement. Le loi veut qu'entre ces deux actions il s'écoule un certain laps de temps pour permettre la réflexion et beaucoup de personnes, qui admettent le principe du divorce, trouvent encore ce délai trop court.

A partir de quel moment commencera à courir le délai de trois ans, exigé par l'article 310 ? C'est évidemment à partir du jour où le jugement de séparation de corps est devenu définitif. Tant que le jugement de séparation n'est pas inattaquable par les voies ordinaires, l'état des époux est en suspens ; on ne peut dire qu'ils sont époux séparés. Cette indication du point de départ était écrite dans le projet ; si elle a disparu dans la rédaction définitive, ce ne peut être que parce qu'elle a semblé inutile et non pour établir un autre point de départ qu'il serait impossible de fixer.

Il nous semble que le délai se calcul *de die ad diem* et non pas de *momento ad momentum*. Du reste il n'y a là qu'une question peu importante, et peut être la Cour de cassation hésiterait-elle à casser un jugement rendu en matière de conversion uniquement parce que, d'après le mode de calcul qu'elle pourrait préférer, il manquerait un jour au délai.

Ce qui pourra avoir lieu au bout de trois ans exactement, c'est, non pas le prononcé du jugement

de conversion, mais le premier acte de procédure ;
et cet acte c'est, à notre avis, la requête adressée
au président du tribunal, tendant à obtenir la per
mission d'assigner.

Ce délai de trois ans est-il nécessaire non-seulement quand il s'agit d'une demande formée en vertu
d'un jugement postérieur à la loi du 27 juillet 1884,
mais encore quand c'est un époux, séparé antérieurement, qui, en vertu de l'article 4 § 3 de la loi,
demande le divorce?

La question s'est posée plusieurs fois au cours de
la discussion, et différentes solutions ont été proposées. Les uns bien que partisans du divorce, se
sont unis aux adversaires pour exiger dans ce cas
le délai de trois ans, afin d'imposer aux époux séparés une réflexion salutaire. « Nous avons considéré, disait M. Marcère, à la Chambre des députés,
que ce délai de trois ans était très sagement im-
parti par la loi. Le législateur a voulu tenir compte
des circonstances nouvelles, des événements qui
peuvent se produire, et donner aux pensées des
époux un cours différents. Nous ne voulons pas favoriser un empressement qui irait contre le but que
nous nous sommes proposé. — Il ne faut rien hâter :
trois ans soient un délai très court il ne faut pas le
diminuer. »

Les autres pensaient que c'était là une injustice,

la situation n'était pas la même. Ces derniers pro-posèrent différents amendements, des articles addi-tionnels, tendant à faire une situation différente à chaque catégorie d'époux qui se peuvent présenter.

« Il est certain, Messieurs, qu'il faut prévoir trois situations différentes. D'abord le cas de demande en séparation de corps qui ont été introduites et jugées définitivement avant la promulgation de la loi que nous élaborons. Secondement les demandes en séparation de corps qui seront encore en ins-tance au moment de cette promulgation. Et enfin les instances en séparation de corps qui à l'avenir seront formulées, ou celles qui, présentées avant la promulgation et jugées plus tard, n'auront pas été l'objet d'une demande de conversion en divorce. » (M. Griffe, Discours au Sénat).

La question ainsi nettement posée avait été déjà résolue par la Chambre des députés qui, à la suite d'observations présentées par M. Bouchet, avait voté un amendement ainsi conçu : « Pourront encore être convertis en jugement de divorce, comme il est dit à l'article 310, et sans attendre le délai de trois ans prescrit par cet article, tous jugements de sépara-tion de corps devenus définitifs avant ladite pro-mulgation (de la loi présente), pourvu que dans les trois mois suivants, cette conversion soit demandée par l'époux au profit duquel la séparation a été pro-noncée.

« En ce cas, toutefois, le tribunal pourra prononcer qu'il y a lieu de surseoir jusqu'à l'expiration du délai de trois ans. »

Cet article fut voté aussi en première lecture par le Sénat. En seconde délibération, cette disposition fut passée sous silence dans le texte nouveau remanié par la commission du Sénat, et qui est devenu l'article 4 § 3 de loi actuelle.

La suppression des termes de l'amendement Bouchet, équivaut-elle au rejet du principe formulé par ce député? Voici la réponse à cette question, réponse faite par le rapporteur à la Chambre des députés après le renvoi qui avait été fait par le Sénat.

« Cet article, dit M. Letellier, ne distingue pas entre les séparations de corps prononcées antérieurement à la présente loi, et celles qui le seront par la suite. Pour les unes comme pour les autres, il exige que trois ans se soient écoulés entre l'époque où le jugement qui les a prononcées a été rendu, et le moment de leur conversion possible en divorce. »

En présence de cet historique de la question, il nous est impossible de ne pas approuver la jurisprudence d'après laquelle un délai de trois ans est toujours nécessaire, même dans notre hypothèse : « Attendu qu'aux termes de l'article 4 § 3 de la loi du 27 juillet 1884, peuvent être convertis en jugements de divorce comme il est dit en l'article 310, tous jugements de séparation de corps devenus définitifs avant sa promulgation ; — qu'en renvoyant ainsi à l'article 310 du Code civil, l'article 4 de la loi n'a établi aucune distinction entre les diverses parties du texte auquel il se réfère, et qu'on ne saurait admettre arbitrairement qu'il a visé seulement les les prescriptions relatives à la procédure et non pas les conditions nécessaires pour l'exercice même de l'action. » (Jugement du tribunal de la Seine du 16 août 1884. V. aussi : trib. de Saint-Quentin, 20 août. Trib. de Versailles, 28 août).

Si nous approuvons la jurisprudence nous ne pouvons ne point critiquer le législateur, qui nous paraît avoir manqué de logique en assimilant deux situations essentiellement différentes. Il est injuste et illogique, suivant nous, du moment où on admet le principe du divorce, d'imposer le même délai à ceux qui ont pu choisir entre le divorce et la séparation et ceux qui n'ont pas eu cette option, la séparation de corps existant seule. Cela nous paraît injuste surtout en présence de la disposition qui permet purement et simplement à ceux qui sont séparés depuis trois ans de profiter *de plano* de la loi nouvelle ; à ceux qui sont en instance de séparation, de convertir cette instance fût-ce à la veille du jugement, fût-ce en instance d'appel en une instance en divorce. Quelques jours de plus ou de moins, une remise plus ou moins accidentelle, peuvent-ils changer aussi profondément la situation de deux personnes de tous points cependant semblable ?

Ces observations avaient été présentées lors de la discussion. « Je demanderai respectueusement à la commission de vouloir bien être logique.

« Il faut, si elle veut s'opposer à mon amendement, qu'elle déclare que ceux dont l'instance en séparation de corps est en cours, n'auront pas le choix de la convertir en instance en divorce.....

« Les époux dont la séparation remonte à plus de trois ans, seront, *ipso facto*, divorcés sur leur demande ; ceux qui plaident actuellement pourront choisir entre la séparation de corps et le divorce par conversion d'instance ; ceux qui auront choisi la séparation de corps pourront trois ans après demander le divorce. Et pourquoi voulez-vous soumettre à cette règle, qui est très sage pour ceux qui ont eu l'option, ceux qui n'ont pas pu l'avoir ? Comment voulez-vous soumettre à la même règle ceux qui se trouvent en situation de choisir le sort, et ceux à qui le sort a été imposé par les duretés de la loi, duretés contre lesquelles nous avons élevé nos votes depuis le commencement de cette discussion (Discours de M. Bouchet).

Que peut-on dire pour répondre à ces critiques ?

On pourrait dire que le divorce n'étant pas favorable, on a dû chercher à atténuer autant que possible les effets de la loi nouvelle, et exiger un laps de trois ans dans toutes les circonstances. Aussi nous comprenons que les adversaires du divorce aient voté contre l'amendement de M. Bouchet ou celui de M. Griffe. Mais ceux qui admettent le divorce. ceux qui ont voté la première disposition de l'article 4, ne peuvent être touchés par un semblable argument, et on peut à bon droit leur reprocher d'être illogiques.

Pour échapper à ce reproche on a encore présenté d'autres considérations. Sans la disposition transitoire, les époux séparés antérieurement n'auraient pu parvenir au divorce, la loi n'ayant point d'effet rétroactif. En effet, si en vertu de l'article 310 les époux séparés antérieurement avaient pu divorcer, la disposition transitoire de l'article 4 § 3, eût été inutile. « Que fait la loi nouvelle ? Elle leur accorde le droit d'y parvenir. Mais par quel moyen ? A l'aide d'un détour, à l'aide d'une fiction commune à toutes les dispositions transitoires en général. Se vieillissant pour ainsi dire de trois années, elle suppose qu'elle était applicable quand les époux ont obtenu leur séparation ; que c'est donc volontairement qu'ils ont demandé la séparation, au lieu de demander le divorce. Etait-il possible dès lors de leur faire une situation différente de celle que cette même loi reconnaît aux parties qui, jouissant véritablement du droit d'option entre le simple relâchement du lien conjugal, et sa rupture, ont choisi le premier moyen ». (Carpentier. *Du divorce*, p. 353).

Telle ne peut avoir été la raison qui a guidé le législateur. Le principe de la non rétroactivité ne peut être objecté aux époux séparés anciennement parce qu'on ne peut pas dire que l'époux contre lequel la séparation de corps a été prononcée a un droit acquis à ce que le divorce ne le soit point si une loi vient à le rétablir. La loi rétablissant le divorce est d'ordre public, et personne, même par une convention expresse, ne pourrait renoncer à le demander dans l'avenir. Toutes ces raisons ne permettent pas de s'arrêter à la considération suivante: « La loi, dit l'auteur cité précédemment, ne s'arrête pas à cette idée que les époux auraient pu demander le divorce; elle la franchi pour s'arrêter à cette idée voisine, qu'ayant pu le demander directement, ils ont préféré passer par le préliminaire de la séparation. » Rien, mieux que toutes ces suppositions, ne peut démontrer le peu de logique, d'autres diront peut-être l'injustice de la loi de 1884 dans ses dispositions transitoires (1).

1. Nous avons présenté ces observations, non seulement pour critiquer le législateur, mais surtout pour repousser le prétendu

Résumons en quelques mots ce que nous venons de dire. Les époux séparés de corps, soit antérieurement à la loi du 27 juillet 1884, soit postérieurement peuvent l'un et l'autre demander la conversion de la séparation de corps en divorce, pourvu quelle ait duré trois ans.

Pendant combien de temps les époux pourront-ils agir? La demande en conversion est-elle soumise à la prescription de trente ans, ou bien est-elle imprescriptible?

Pour notre part nous la déclarons imprescriptible, parce que il s'agit là de l'exercice d'une faculté que chacun est libre d'exercer ou non suivant son bon plaisir, sans qu'on puisse tirer de son inaction aucune conclusion contre lui. Une semblable action rentre donc dans celles dont il est question dans l'art. 2232. « Les actes de pure faculté ne peuvent fonder ni possession ni prescription. » Cette raison qui nous paraît suffisante nous dispense d'en invoquer une autre qui, elle aussi, est péremptoire. Si on pense que l'article 2262 est applicable, il est impossible de ne pas appliquer aussi l'article 2253, dont les termes sont aussi généraux et déclarent

principe à l'aide duquel on essaie de justifier la disposition de l'art. 4 § 3. On pourrait peut-être dans d'autres questions tirer de ce principe erroné des conséquences qu'il serait impossible d'admettre.

que la prescription ne court point entre époux. La seule question qui se présente dans ce cas est non pas une question juridique mais une question de fait, d'appréciation. Y a-t-il eu, oui ou non, reconciliation entre les époux, et il nous semble que bien rarement on pourra induire la réconciliation du simple écoulement d'un laps de temps. Nous aurons du reste a revenir sur cette fin de non recevoir.

Une séparation de corps a été prononcée entre deux époux par un tribunal compétent. Plus de trois ans se sont écoulés depuis que ce jugement est devenu définitif ; l'un des époux s'adresse au tribunal et demande le divore en vertu de l'article 310. Dans ces circonstances l'époux est-il certain d'obtenir le divorce ? N'a-t-il point d'autres justifications à produire ? Enfin les tribunaux, ont-ils le pouvoir de rejeter sa demande ?

L'article 310 dans sa nouvelle rédaction n'est pas précis sur toutes ces questions et on peut en conséquence se demander si aux conditions précédemment indiquées il ne convient pas d'en ajouter une nouvelle ; s'il ne convient pas de distinguer du reste entre le demandeur et le défendeur primitif. La question, en effet, a reçu en jurisprudence une solution différente suivant les cas.

L'article 310, base de la discussion, porte que :

« Lorsque la séparation de corps aura duré trois ans, le jugement *pourra* être converti en jugement de divorce. »

Des termes de cet article, la jurisprudence a tiré la conséquence que les tribunaux avaient un large pouvoir d'appréciation. Ce pouvoir ne peut leur être contesté ; les travaux préparatoires ne laissent aucun doute à ce sujet. Le Sénat, en première délibération, avait rétabli purement et simplement le texte du Code civil qui ne laissait au tribunal aucun pouvoir d'appréciation. Le tribunal avait seulement à constater si le jugement de séparation de corps avait été rendu depuis plus de trois ans, et si aucune réconciliation n'avait eu lieu.

Cette solution fut critiquée par plusieurs membres du Sénat, surtout par les adversaires du divorce qui, combattant pied à pied, cherchaient, même après le principe établi, à ne laisser à la loi que la plus petite part d'application possible. Dans une nouvelle délibération on arriva à une espèce de transaction.

Voici les paroles de M. le Rapporteur qui indique la filiation de ce nouvel article. Il constate que le Sénat avait d'abord voulu écarter tout projet nouveau touchant au Code civil ; puis il s'était décidé timidement à entrer dans la voie des réformes et des améliorations, puis il ajoute : « La disposition que nous avons l'honneur de vous proposer est donc, sauf quelques changements peu importants, celle qui vous avait été précédemment distribuée. Elle a pour objet d'établir le système suivant : l'un et l'autre pourra après trois années de séparation de corps porter à nouveau devant le tribunal les motifs de la discussion qui existe entre eux et demander la conversion de la séparation de corps en divorce.

« Le tribunal aura à apprécier si les motifs qui avaient été suffisants pour prononcer la séparation de corps, peuvent après trois années d'épreuves, être considérés comme suffisants pour prononcer, non seulement le relâchement du bien conjugal, mais sa rupture, c'est-à-dire le divorce.

« Mais comme la séparation de corps prononcée depuis trois ans constitue jusqu'à un certain point, un préjugé en faveur de la rupture plus complète du lien conjugal, la disposition que nous vous proposons édicte pour ce cas une procédure plus simple, plus rapide, afin d'empêcher que le nouveau débat, qui est pour ainsi dire le complément du premier, rende nécessaire la procédure longue et compliquée, exigée pour le divorce, quand il est demandé sans passer par la séparation de corps......

..... A la différence de ce qui existait avec le système établi par le Code civil, le tribunal n'est plus dans l'obligation d'acquiescer à la demande de

conversion après la simple constatation de l'expiration des délais et du refus de reconciliation.

« Non, le tribunal a toute liberté pour apprécier
dans quelle mesure il convient de faire droit à la demande ».

Et à la Chambre la nouvelle disposition est acceptée, mais elle n'est admise que parce que on a peur
que sont rejet n'occasionne le rejet même de la loi,
à laquelle la majorité tient nous dirons presque à
tout prix. « C'est, dit le rapporteur, une espèce de
conseil officieux que la loi institue et il dépendra de la
jurisprudence de curriger ce que le nouvel article 310
a de mauvais. Les tribunaux n'auront pour cela qu'à
se montrer très larges dans l'usage du droit de conversion que la loi leur confie. Votre commission es-
père qu'il en sera ainsi, et c'est une des raisons qui
la portent, malgré les objections sérieuses qu'elle y
voit, et qu'elle vient de vous exposer sincèrement,
à vous proposer de donner votre adhésion même au
nouvel article 310 ».

Le pouvoir d'appréciation pour les tribunaux n'est
pas douteux ; il peuvent en user même quand il
s'agit de l'époux demandeur en séparation qui devient demandeur en divorce. Cependant il convient
d'ajouter que dans ce cas les tribunaux se montre-
ront très larges pour accorder le divorce, puisque
d'après l'article 306 les causes de divorce et les cau-

ses de séparation de corps sont les mêmes. « Si l'é-
poux qui a demandé la séparation de corps il y a
trois ans, et qui l'a obtenue, avait basé sur les mêmes faits une demande en divorce, il l'aurait donc
obtenu également. Comment, si après trois ans il
demande à faire convertir sa séparation en divorce,
le tribunal pourrait-il le lui refuser, alors surtout
qu'aux faits primitifs est venue s'ajouter une longue période d'épreuves? Evidemment dans ce cas
les tribunaux accorderont toujours la conversion et
dès lors pourquoi leur demander un avis que les
circonstances ne leur permettront jamais de refuser. » (Rapport de M. Letellier à la Chambre des
députés).

Cette doctrine a été admise par plusieurs tribunaux, entre autres par celui de Blois, dans un jugement en date du 20 août 1884, et par celui de Lorient
le 19 novembre de la même année. Voici les termes
de cette dernière décision :

« Considérant que la dame B.... résiste à la
demande en divorce et se borne à critiquer sur tous
les points les décisions sus-indiquées, et qu'elle
demande, par le fait, leur révision pure et simple.
Considérant qu'un pareil résultat ne saurait résulter
des dispositions de l'article 310 du code civil ; que
le législateur s'est servi de l'expression : « le jugement pourra être converti en divorce » et que le

mot « pourra » paraît indiquer un pouvoir discrétionnaire pour les tribunaux ; que cependant ce
pouvoir ne semble pas être sans limite ;

« Considérant, en effet, que si, dans l'article 310,
la loi sur le divorce à substitué le mot *pourra* au mot
sera qui figurait au projet de loi, il ne résulte pas
moins de débats à la Chambre des députés et au
Sénat, que l'intention du législateur n'a pas été
d'apporter des entraves à l'exercice du droit de conversion, mais au contraire qu'il a espéré que la jurisprudence se montrerait très large dans l'administration de ce droit, que de plus, il résulte des dispositions même de cette loi, que la faculté de demander le divorce a été réservée à chacun des époux
même à celui contre lequel cette séparation aurait
été prononcée, et que, par suite, il est de toute nécessité que cette disposition reçoive une com plète
exécution lorsque les parties le demandent... Considérant que le tribunal ne saurait refuser l'alloca-
tion de la demande, aucun vice de forme, *ni aucune
circonstance contraire aux lois ou à la morale publique
n'existant dans la cause.* »

Si on nous demande alors en quoi consiste le pouvoir d'appréciation des tribunaux, nous dirons, avec
la décision rapportée ci-dessus qu'il consiste à voir
si aucune circonstance contraire aux lois ou à la
morale n'existe dans la cause. Peut-être même

pourrait-on aller jusqu'à dire avec le tribunal de Moulins, que les juges auront à apprécier, faisant fonctions d'une espèce de conseil de famille, s'il n'existe entre les époux aucun espoir de réconciliation ; mais les tribunaux ne pourraient pas, s'appuyant sur leur pouvoir discrétionnaire refuser le divorce en déclarant, sans fondement sérieux, qu'il y a possibilité de réconciliation. (V. Trib. Seine, 5 déc. 1884).

Certains tribunaux se sont reconnu un pouvoir souverain, qui permettrait à un juge, adversaire du divorce, de réduire à l'état de lettre morte l'article 310 du Code civil. Aussi nous ne pouvons admettre les considérants suivants d'un jugement du tribunal de Rambouillet en date du 8 août 1884. « Considérant que les deux époux basent ladite demande en conversion sur les faits qui ont motivé leur séparation de corps ; qu'il importe de rechercher si leur gravité est suffisante pour faire prononcer le divorce ; — Attendu qu'à la différence de la séparation de corps, le divorce a pour conséquence la rupture du lien conjugal ; — Que si le divorce est un remède exceptionnel à certaines situations exceptionnelles, il convient de n'y recourir que dans les cas où les faits de violence et d'injures se sont répétés depuis de longues années ou présentent un caractère de haute gravité ; qu'on ne saurait indifféremment appliquer le divorce ou la séparation de corps et mettre sur la même ligne deux moyens, si différents par leurs résultats. — Qu'ainsi les faits qui ont modifié la séparation peuvent donc devenir insuffisants pour fonder une demande en divorce. — Attendu que ces faits (constatés dans le jugement de séparation), s'ils rendent la vie commune difficile dorénavant entre les époux et peuvent motiver une séparation de corps, ne sont pas de nature à déterminer la rupture du lien conjugal. »

Ce jugement contient une violation manifeste de l'article 306 (1). Il est vrai que les juges pouvaient invoquer l'autorité du rapporteur de la loi au Sénat. Mais cette autorité nous paraît considérablement affaiblie par les paroles suivantes qui appartiennent au même rapporteur : « Ce système serait justifié si les motifs de la séparation ne corps étaient différents des motifs du divorce ; si, comme dans cer-

---

1. Il est évident que le tribunal, malgré l'expression *pourra*, ne pourrait plus prétendre avoir aucun droit d'appréciation, dans le cas où, la séparation ayant été prononcée pour une cause qui donne lieu péremptoirement au divorce, le demandeur en séparation réclame la conversion en jugement de divorce. Cela arrivera quand la séparation ayant été prononcée à la suite d'une condamnation à une peine afflictive et infamante, et aussi, depuis la loi du 27 juillet 1884, au moins suivant un grand nombre d'auteurs, quand l'un des époux a commis un adultère. Il ne peut donc rester comme donnant lieu à ce droit souverain que la séparation prononcée pour cause d'excès, sévices ou injures graves.

taines législations, la séparation était une première épreuve pour justifier plus tard le divorce. Le principe du Code civil est entièrement différent : la séparation et le divorce ne sont pas des étapes successives pour arriver à la dissolution complète du mariage ; ce sont deux voies parallèles conduisant à la dissolution du mariage, deux remèdes entre lesquels les époux ont la faculté de choisir.

« On peut même dire que dans l'esprit du législateur de 1803, le divorce est la règle, et la séparation l'exception motivée par la volonté de respecter la conscience des citoyens auxquels leur loi religieuse ne permet pas le divorce.

« Faire de la séparation de corps un préliminaire du divorce, c'est modifier absolument l'esprit de ces deux institutions. »

Evidemment en substituant, nous allons bientôt voir dans quelles circonstances, le mot *pourra* au mot *sera*, le législateur n'a pas eu la volonté de modifier l'esprit même du divorce et de la séparation de corps. Nous verrons du reste que ce n'est pas la seule contradiction qui se rencontre dans les paroles du rapporteur devant le Sénat ; et que, pour s'appuyer sur ses discours, il faut d'abord se demander s'ils ne contredisent point soit la lettre, soit même l'esprit de la loi.

Lorsqu'il s'agit de la demande en conversion for-

méc par le défendeur en séparation, la jurisprudence est encore plus divisée. On conçoit, du reste,
sur ce point, plus d'hésitation que dans le cas précédent. C'est en effet contre l'époux qui voudrait
s'appuyer sur les faits dont il s'est rendu coupable
pour obtenir le divorce qu'étaient dirigées les critiques des adversaires du divorce. M. Jules Simon,
en effet, ne voyait dans la séparation de corps, qu'un
divorce à terme invoqué par celui la même qui, dans
une action directe, ne pourrait demander le divorce.
Les partisans du rétablissement pur et simple du
Code civil, n'y voyaient aucun inconvénient; mais
leurs adversaires s'appuyaient sur ce point pour montrer le côté injuste du divorce, grâce à l'article 310 ancien. On était donc indécis sur le point de savoir si le
principe du divorce triompherait. De là est née une
transaction. Pour donner une espèce de satisfaction
aux adversaires de l'article 310, on donna aux juges
un pouvoir d'appréciation, tout en maintenant dans la
loi la faculté pour le défendeur en séparation de demander le divorce.

Aussi, si on ne peut légalement reconnaître aux
juges, dans l'hypothèse que nous avons étudiée précédemment qu'un pouvoir fort restreint pour ne pas
dire à peu près nul, il faut leur donner ce droit
quand c'est le défendeur primitif qui devient demandeur. Mais quelle en est l'étendue?

La jurisprudence nous présente deux systèmes
bien tranchés; et, dans le second, une infinité de
nuances.

Le premier système soutient en principe que jamais le défendeur en séparation ne peut s'appuyer
sur les faits dont il s'est rendu coupable pour obtenir le divorce (V. Sens. 4 déc. Arras, 24 déc. 1884).
Il ne pourrait demander la conversion que si des
faits nouveaux venaient à se produire. « Attendu,
dit la seconde décision citée, que les dispositions de
cet article donnent à chacun des époux séparés le
droit de solliciter un jugement de divorce quelque
soit celui au profit duquel le premier jugement a
été rendu ; mais qu'elles laissent au magistrat le
soin de rechercher dans les circonstances de la cause,
s'il y a lieu d'accueillir ou de rejeter les demandes
qui leur sont soumises ; que toute demande doit
être fondée sur un titre légitime et sérieux ; qu'il
serait contraire à tout sentiment de justice, et même
dangereux pour l'ordre public, qu'un époux séparé
sur les poursuites de son conjoint, pût se prévaloir
uniquement des torts qu'il a pu avoir à une autre
époque, pour rompre l'union qu'il avait contractée,
et recouvrer sa liberté. »

Ce système est aussi celui du tribunal de la Seine
dans un jugement du 23 août 1884, par ce motif
que « tout demandeur doit établir les motifs de sa

demande. » La Cour de Douai, dans un arrêt du
25 fév. 1885, nous montre comment on a pu arriver à ces conséquences erronées en partant d'un
faux point de vue. « Attendu que, lorsque, comme
dans l'espèce, c'est l'époux qui a été condamné par
le jugement de séparation qui demande la conversion et que la femme s'y oppose, il y a lieu au
juge d'examiner la cause, *comme si, au jour du jugement, l'époux alors défendeur en séparation était reconventionnellement demandeur en divorce ;* qu'il résulte des jugements et arrêts précités que les griefs
articulés par Liénard contre sa femme à l'appui de
sa demande reconventionnelle en séparation ne sont
pas justifiés ; que, s'il avait à la même époque demandé le divorce en se basant sur les mêmes faits,
il eût été *à fortiori* repoussé ; qu'en admettant que
les faits articulés par la femme Liénard, et reconnus
vrais par lesdits jugement et arrêt fussent d'une
gravité suffisante pour faire prononcer aujourd'hui
le divorce à son profit si elle l'avait demandé, prononcer aujourd'hui le divorce en se basant sur ces
seuls faits, alors que la femme s'y oppose formellement, ce serait pour ainsi dire punir cette dernière, à l'égard de laquelle il a été souverainement
jugé qu'à l'époque de la séparation, elle n'avait
aucun tort à se reprocher ; que c'est à bon droit
que les premiers juges ont rejeté la demande de
Liénard. »

Ce système est contraire à la loi dans ses termes
absolus. La loi permet au défendeur de demander
lui-même la conversion, et cela en s'appuyant sur
le jugement de séparation, nous ne disons pas sur
les faits qui ont motivé la séparation. « Quelque
regrettable qu'il soit de voir le demandeur invoquer
sa propre faute dans sa demande en conversion, il
y aurait peut-être plus d'inconvénients encore à en
prononcer le rejet ; que l'on irait ainsi directement
à l'encontre du vœu du législateur, qui, en rétablissant le divorcé, a voulu donner aux époux séparés
de corps la faculté de contracter de nouvelles unions,
et ainsi de faire cesser le scandale d'unions illégiti-
mes, qui sont imposées forcément aux époux en
état de séparation de corps. » (Jugement du tribunal de Macon du 25 novembre 1884).

Telle est la vérité juridique telle qu'elle ressort
des textes, des principes et des travaux préparatoires.
On ne peut point, comme l'a fait la Cour de Douai,
comparer le divorce à une peine imposée au défendeur, la loi l'a considéré comme une institution nécessaire, d'ordre public, dans l'intérêt de la moralité.
Nous avons vu que la raison principale invoquée
pour défendre l'article 310, c'est que un des conjoints, en demandant la séparation de corps, ne
peut forcer son conjoint à demeurer dans un état
assez délicat et pénible, qui ressemble à un veuvage

forcé et indéfini. C'est le droit pour chacun, même pour ceux qui se rendent coupables de délits et de crimes, de contracter mariage, d'avoir un foyer, une famille légitime, qui est la base de l'article 310. Sans doute, quand une personne est déjà mariée, elle ne peut contracter une nouvelle union. Mais quand l'un des conjoints, victime des brutalités ou des injures de son époux, a fait prononcer. la séparation de corps, le lien du mariage qui existe en droit a perdu en fait toute réalité. Il n'y a plus de foyer, plus de famille légitime. Par conséquent l'époux coupable, qui ne peut se faire de sa faute une cause de divorce, peut au moins s'adresser à la justice au bout d'un certain temps et lui demander le divorce. Alors la justice aura à examiner quoi? si dans l'espèce la raison d'être de l'article 310 se rencontre. Par conséquent le tribunal aura à examiner deux choses: 1° Si la vie commune n'a point repris, ou bien si elle ne pourrait point facilement reprendre parce que déjà l'époux victime a pardonné ou est sur le point de le faire; 2° Si la cause pour laquelle l'époux outragé ne pardonne pas ne serait point la continuation même de l'outrage subi.

Si la vie commune peut reprendre, si c'est par la faute du demandeur en divorce que son foyer continue à être désert, alors le divorce ne sera point prononcé. Il est facile de voir par les travaux prépara-

toires que telle est bien la raison qui a fait donner
aux juges un pouvoir d'appréciation indéfini, parce
que les faits peuvent se présenter sous mille aspects
différents (V. le discours de M. Jules Simon, à la
suite duquel le nouvel article a été voté).

Mais si l'outrage, cause de la séparation, a cessé
de se produire, si l'époux coupable n'a depuis longtemps commis aucun fait de nature à faire prononcer
la séparation de corps, alors, si l'époux innocent per-
siste, comme c'est son droit, à ne point reprendre la
vie commune, on ne conçoit pas qu'il puisse s'opposer à la demande en divorce, on ne conçoit pas
que les juges puissent, sous l'empire de la loi de 1884,
refuser d'accorder ce même divorce.

Ces principes ont été adoptés par un jugement du
tribunal de la Seine en date du 5 mars 1885. « Attendu, dit cette décision, que de tout ce qui précède
et de l'analyse des travaux préparatoires de la loi, il
résulte que c'est à tort qu'on prétend exiger de l'é-
poux contre lequel la séparation a été prononcée,
la production de griefs à l'appui de sa demande en
conversion ; que, s'il en était ainsi et en présence
surtout du système qui voudrait soustraire à la procédure de faveur de l'article 310, toute demande en
conversion, à l'appui de laquelle on invoquerait des
griefs postérieurs à la séparation de corps (1), on

---

1. Comme nous le démontrerons à la fin de ce chapitre, ce sys-

arriverait, tout en déclarant recevable la demande en conversion, qui émanerait du défendeur à la séparation, à faire toujours rejeter cette demande comme mal fondée, puisque le jugement de séparation a définitivement apprécié et déclaré de quel côté étaient les torts au moment de la séparation ; que le législateur aurait pour ainsi dire retiré d'une main ce qu'il aurait donné de l'autre, et rendu ainsi illusoire le droit donné à l'époux contre lequel la séparation aurait été prononcée ; qu'il faut, au contraire, rechercher uniquement la base de ce droit dans le fait que la séparation a duré plus de trois ans, qu'aucun rapprochement n'est intervenu entre les époux et n'est offert par celui qui a obtenu la séparation, et dans les raisons tirées de la liberté individuelle qui avaient déterminé le législateur du Code civil, et qui ont de nouveau été affirmés au nom de la commission du Sénat : que là seulement est la raison d'être du droit du défendeur à la séparation et non dans les griefs qu'il pourrait avoir à invoquer contre l'époux qui a obtenu la séparation, et qui ne peuvent venir, la plupart du temps, à l'appui de sa demande, que comme complément d'éléments d'ap-

tème est le seul qui paraisse juridique, la procédure ordinaire devant être employée quand la demande en divorce repose non pas seulement sur la séparation, mais aussi sur des faits nouveaux.

préciation pour le tribunal ; qu'à la vérité, le tribunal a un pouvoir souverain d'appréciation, mais que ce pouvoir souverain, qui ne doit, pour répondre au vœu du législateur, s'exercer dans le sens du rejet de la demande que dans des cas exceptionnels, doit porter, aussi bien lorsque la demande en conversion émane du demandeur que lorsqu'elle vient du défendeur à la séparation, surtout sur le point de savoir, ainsi que le disait le rapporteur de la loi au Sénat, si les motifs qui avaient fait prononcer la séparation de corps peuvent, après les trois années d'épreuve, être considérés comme suffisants pour prononcer le divorce ; qu'il résulte de ce qui précède que la dame C... ne peut opposer à la demande de conversion de C..., l'absence de griefs formulés contre elle ; qu'il est évident, d'autre part, que les griefs qui ont servi de base à l'arrêt pour prononcer la séparation de corps entre les époux C... sont d'une gravité suffisante pour qu'il soit certain, alors que 13 ans se sont écoulés sans rapprochement entre les époux, que la vie commune ne sera jamais renouée dans l'avenir ; — Qu'à la vérité, la demande en conversion de C... devrait être rejetée si la dame C... offrait à son mari de faire cesser la séparation prononcée à son profit ; — qu'en effet, cette disposition de l'ancien article 310, bien que n'ayant pas été reproduite dans le texte de l'article 310 nouveau, n'en a disparu que parce qu'elle a été reconnue surabondante et inutile, et doit être considérée comme toujours applicable » (1).

En présentant cette théorie, nous ne voulons aucunement porter atteinte au droit d'appréciation qui est laissé aux juges par l'article 310, nous l'expliquons seulement par sa raison d'être et nous ne voulons pas l'étendre de telle sorte qu'il puisse être un moyen de rendre illusoire cet article 310 lui-même. C'est la plupart du temps en s'appuyant sur cette théorie que les tribunaux ont refusé de prononcer le divorce au profit du défendeur en séparation (V. tribunal de la Seine, 23 août 1884, 4 décembre 1884, 24 décembre 1884, Cour de Paris, 14 janvier et 21 janvier 1886).

« Attendu, dit une de ces décisions, que les fais articulés par la dame S..., selon le degré de gravité qui les caractériserait, selon aussi la notoriété qu'ils auraient, leur continuité et le scandale qui en résulterait, pourraient être de nature à faire rejeter la demande de S....... » (4 décembre). « Attendu, dit une autre décision, qu'il résulte des documents de la cause que C.... a continué à vivre publiquement dans l'inconduite ; que la gravité et

---

1. Nous admettrons sur ce point la même solution que le tribunal de la Seine, solution qui découle nécessairement des principes que nous avons nous même exposés plus haut.

la persistance de l'injure par lui commise envers sa femme ne permettent pas d'accueillir sa demande. »

Nous ne pouvons qu'applaudir à ces sages décisions, et désirer que cette jurisprudence du tribunal de la Seine soit adoptée par les autres tribunaux français. En le faisant, les juges respecteront la lettre et l'esprit de la loi du 27 juillet 1884 (1).

Reste à étudier sur ce point une question des plus délicates : quel est le pouvoir de la cour de cassation. Nous ne connaissons sur ce point aucune décision formelle de la cour suprême; mais voici quelle serait notre opinion : la cour de cassation a pour mission de maintenir l'unité de jurisprudence parmi les tribunaux; par conséquent, il est impossible que des jugements qui violeraient manifestement la loi, comme plusieurs de ceux que nous avons cités, ne soient pas cassés, et la décision de

1. Nous admettrons encore avec plusieurs décisions judiciaires que quand la conversion est demandée en même temps par l'époux coupable et par l'époux innocent, les juges repoussent la demande du premier tandis qu'ils admettent celle du second. La prononciation du divorce contre l'époux coupable, et non point en faveur des deux, n'aura, dans notre opinion, qu'une portée théorique, tous les effets produits par l'article 299 contre l'époux coupable, étant déjà produits, comme nous le démontrerons, par la séparation de corps. Néanmoins cette constatation judiciaire des torts de l'un des époux peut avoir au point de vue du monde une certaine importance morale, et nous ne voyons aucune bonne raison pour repousser ce système. V. cour de Paris, 21 janvier 1886.

l'affaire renvoyée devant une autre juridiction. Sur quelle cause de cassation la cour suprême s'appuierait-elle ? Sur la violation de la loi résultant de ce que le tribunal aurait déclaré, que le jugement de séparation ne peut être converti en jugement de divorce, quand l'époux, défendeur primitif, n'invoque aucun fait contre son conjoint (1) ; ou bien encore de ce que le tribunal aurait déclaré en principe que les faits qui donnent lieu à séparation de corps peuvent, indépendamment de tout espoir sérieux de réconciliation, ne pas donner lieu à divorce (2). La difficulté vient de ce que la décision peut avoir été mal motivée et bien rendue, et que dans ce cas la cour de cassation ne peut casser le jugement. Cette difficulté ne nous arrête pas, parce que, dans tous ces cas, il a été fait une fausse application des textes invoqués, et que, en fait, la question qui se posait véritablement n'a été aucunement examinée par le

1. La chambre des requêtes semble avoir admis notre manière de voir, en renvoyant à l'examen de la chambre civile le pourvoi formé contre l'arrêt de la cour d'appel de Douai, que nous avons cité, tandis qu'elle a rejeté le pourvoi formé contre un arrêt de la cour d'appel de Caen, qui avait admis le divorce au profit d'un conjoint contre lequel la séparation de corps avait été prononcée.

2. Comme nous l'avons déjà dit, la violation de la loi ne peut faire de doute quand il s'agit de conversion demandée à la suite d'une condamnation du défendeur à une peine afflictive et infamante,

tribunal, cela ressort des motifs même qui ont été invoqués (1).

C. Des fins de non recevoir qui peuvent mettre obstacle à la conversion.

Il faut non seulement que les conditions requises d'une manière générale se rencontrent dans une affaire de conversion, mais encore que dans l'espèce particulière il n'y ait aucun obstacle prévu par la loi. De ces obstacles il n'est aucunement question dans l'article 310 d'une manière formelle.

Dans le chapitre du Divorce, la loi prévoit deux cas dans lesquels la demande ne pourra être intentée ou la procédure continuée. De ces deux fins de non recevoir l'une est inapplicable à la demande en conversion tandis que très certainement l'autre doit entraîner la fin de la procédure.

1° Dans l'instance en divorce proprement dite, la femme peut quitter la maison conjugale et résider dans une maison qui est désignée par le tribunal.

---

1. On peut encore dire dans notre hypothèse que la décision n'est point motivée. Pour qu'une décision soit motivée, il faut que la cour de cassation puisse, à la seule lecture du jugement ou arrêt, voir si les juges ont fait aux faits une exacte application des textes qui s'y appliquent. Quand le tribunal invoque, pour repousser le divorce, un motif qui n'est pas reconnu par la loi, et que dans la décision la cour ne peut découvrir les faits qui auraient pu faire rejeter la demande, et donner lieu à l'application du pouvoir discrétionnaire du juge, la décision non motivée doit être cassée.

La femme est tenue de justifier de sa résidence dans la maison indiquée. A défaut de cette justification, le mari peut, si la femme est demanderesse en divorce, la faire déclarer non recevable à continuer ses poursuites (art. 269).

Après la séparation de corps, la femme acquiert le droit de se rendre partout où bon lui semble, et par conséquent il ne peut plus être question, lors de la demande en conversion, d'une fin de non recevoir analogue à celle de l'article 269 du Code civil.

2° « L'action en divorce sera éteinte par la réconciliation des époux, survenue soit depuis les faits qui auraient pu autoriser cette action, soit depuis la demande en divorce. » (Art. 272).

« Dans l'un et l'autre cas le demandeur sera déclaré non recevable dans son action. » (Art. 273).

Cette disposition doit être certainement transportée dans notre matière, lorsqu'il y a eu réconciliation des époux depuis le jugement de séparation de corps (1), avant ou depuis la demande en conversion. Cette solution résulte de la nature même des

---

1. Nous disons depuis le jugement ; car si la réconciliation avait été antérieure, la séparation n'aurait pas été prononcée sans qu'il soit intervenu des faits nouveaux. Par conséquent, le jugement indique bien qu'à ce moment là, il n'y a pas eu réconciliation, et ce serait aller contre l'autorité de la chose jugée, que d'invoquer pour repousser la demande en conversion de prétendus faits de réconciliation antérieurs au jugement de séparation.

choses, et du reste est commandée implicitement par les termes mêmes de l'article 310. Il ne peut y avoir conversion de la séparation de corps en divorce quand il y a eu réconciliation, puisque alors la chose à modifier, à convertir, n'existe plus, la séparation de corps finissant par la réunion des époux.

Nous n'avons pas à rechercher quels sont les faits d'où peut résulter la preuve d'une réconciliation entre les époux. C'est là, comme l'a dit M. Demolombe, une question de fait plutôt qu'une question de droit. Disons seulement que la réconciliation doit être certaine, sérieuse et non pas seulement feinte de la part de l'un des époux.

La réconciliation fait disparaître la séparation de corps et met fin au droit de demander la conversion ; mais elle n'efface les faits antérieurs qu'autant qu'elle n'est point suivie de nouveaux torts. Si une cause nouvelle survient depuis la réconciliation, l'époux autrefois séparé peut alors faire usage des anciennes causes pour appuyer sa demande.

Cette disposition fait naître deux questions principales : 1° Est-il nécessaire que les faits nouveaux soient par eux-mêmes suffisants pour entraîner une séparation de corps ou un divorce ? 2° Quelle sera, dans ce cas, la procédure à suivre ?

La première question qui rentrerait dans une étude générale du divorce ou de la séparation de corps, nous paraît sortir de notre sujet spécial. Nous nous contenterons de dire que, suivant nous, il faut que les faits soient suffisamment graves pour faire disparaître en quelque sorte rétroactivement la réconciliation qui a eu lieu. « S'il résultait d'une première faute et d'un premier pardon que tout époux coupable dut devenir dans la suite le modèle des époux, combien de conjoints souhaiteraient cette première faute au début de leur mariage » (Carpentier, *Du divorce*). Mais, il nous paraît impossible d'exiger avec le même auteur que les faits nouveaux soient suffisants par eux-mêmes pour motiver la dissolution du mariage ou la séparation de corps. En effet, quand une chose a par elle-même suffisamment de force pour produire un effet déterminé, elle n'a pas besoin d'être appuyée sur une autre. Du reste, on conçoit que des injures, des sévices, qui, s'ils étaient seuls, ne seraient pas jugés suffisants pour donner lieu au divorce, acquièrent au contraire assez de force, s'ils ne sont que la suite, le renouvellement d'autres injures ou sévices, ayant déjà motivé une séparation de corps.

La deuxième question, au contraire, rentre absolument dans notre sujet. Pourra-t-on recourir à la procédure simple et expéditive de l'article 310, ou bien faudra-t-il suivre la procédure ordinaire du divorce. Cette question rentrera mieux dans la section où nous étudierons l'influence des faits nouveaux sur la procédure.

N'y a-t-il point d'autres obstacles qui pourraient s'opposer à la conversion de la séparation de corps en divorce? Cette question a trait à plusieurs situations particulières sur lesquelles nous devons, sinon insister, au moins dire quelques mots. Ces difficultés tiennent : 1° A la nullité du mariage, 2° A l'absence, 3° A l'interdiction, 4° A la réciprocité des torts.

Il est à remarquer qu'il faut, pour que la question puisse se poser en pratique, que tous ces faits ou bien se révèlent ou bien prennent naissance après le jugement de séparation. S'ils sont connus antérieurement, ils auront été opposés à la demande de séparation, et en conséquence ils auront produit leur effet, — il y aura en ce qui les concerne chose jugée, qui ne permettra pas de remettre en question ces diverses circonstances.

1° *Nullité*. — Deux époux ont été séparés, l'un d'eux demande la conversion ; son conjoint s'y oppose et répond par une demande en nullité du mariage. Il est évident qu'il ne peut y avoir rupture d'un lien qui n'existe pas et par conséquent il ne peut y avoir di_ vorce si le mariage est nul. La question de nullité du mariage est donc une question préjudicielle à l'examen de la demande en conversion. L'époux contre lequel le divorce est demandé aura intérêt à agir ainsi, non point afin de garder les libéralités, qui lui ont été faites ; mais afin de reprendre les libéralités que, en vue d'un mariage valable, il avait pu consentir au profit·de son conjoint.

2° *Absence*. — Deux époux ont été séparés de corps ; depuis, l'un d'eux a disparu et on n'en a pas de nouvelles : en d'autres termes il est absent. Dans ces circonstances, l'époux présent, que ce soit le demandeur ou le défendeur primitif peu importe, invoque l'application de l'article 310 du Code civil, sera-t-il fondé dans sa demande ? La raison d'être de la question c'est que, comme nous l'avons dit précédemment, on ne peut rompre ce qui n'est plus ; et, précisément, l'absence étant l'incertitude entre la vie et la mort, on ne peut affirmer que le mariage est encore existant. Cette objection ne nous semble pas devoir faire rejeter la demande de celui qui, présent, invoque le bénéfice de la conversion. Il est inadmissible qu'un époux, après avoir forcé son conjoint à demander la séparation, puisse, en s'absentant et en ne donnant point de ses nouvelles, condamner l'époux présent à un veuvage perpétuel. Cela serait encore plus inadmissible, s'il s'agissait d'époux séparés avant la loi du 27 juillet 1884, celui qui a demandé la séparation de corps n'ayant point à se reprocher de n'avoir pas demandé immédiatement le divorce.

Cela, il est vrai, ne répond point à l'objection ; mais la réponse nous paraît facile à faire. L'absence est l'incertitude entre la vie et la mort, et on voudrait s'appuyer sur la dissolution du mariage, c'est-à-dire la mort, pour empêcher la dissolution de ce même mariage. Remarquez bien ce que demande l'époux présent : la rupture du lien matrimonial ; c'est-à-dire la liberté, liberté à laquelle il a un droit absolu, que l'époux absent soit vivant ou mort. Si l'époux est vivant, quelle objection peut-on faire à la demande de conversion ? Si l'époux absent est décédé, alors pourquoi (1) vouloir maintenir le conjoint présent dans les liens d'un mariage qui est dissous déjà depuis longtemps ? Cette réponse nous paraît péremptoire.

Il est inutile de dire que le divorce ne peut être demandé contre un absent uniquement à cause de cette absence, la loi, à tort ou à raison, n'ayant point fait de l'absence une cause de divorce ; aussi n'est-ce pas là ce qui nous occupe. Mais l'absence par elle-même ne peut être un obstacle au divorce,

1. A notre affirmation qu'il n'y a aucun intérêt à empêcher la prononciation du divorce, on répondra peut-être que cet intérêt existe, très grave au point de vue pécuniaire. Il n'est pas juste de faire encourir à celui qui est déjà mort, et contre lequel aucun divorce n'est possible, les déchéances de l'article 299. Cette objection suppose admise la théorie d'après laquelle les déchéances de l'article 299 ne s'appliquent pas à la séparation de corps, théorie que nous refuterons plus loin.

surtout à la conversion de la séparation de corps en divorce. Aussi nous est-il difficile de comprendre l'objection formulée par un auteur en ces termes : « C'est précisément parce qu'elle ne constitue pas par elle-même une cause de divorce, qu'elle fait obstacle en même temps à l'exercice de cette action fondée sur quelque cause que ce soit. » (Carpentier, p. 125).

L'objection suivante ne nous paraît pas plus concluante : « Au reste, dans l'état actuel de la législation, il faut reconnaître qu'il serait bien difficile, même au point de vue des intérêts privés, d'harmoniser les principales questions du titre de l'absence avec celles du divorce. Voyez notamment l'article 124, qui suppose que l'époux présent ne peut obtenir, pendant l'absence de son conjoint, qu'une dissolution provisoire du régime matrimonial, et qui lui reconnaît en même temps le droit d'opter pour la continuation de la communauté, alors que le divorce lui enlèverait certainement cette dernière faculté et lui permettrait au contraire d'arriver *hic et nunc* au règlement définitif de ses droits matrimoniaux. » (Carpentier, *Du divorce.*)

La réponse nous paraît simple et facile. L'article 124 n'apporte aucun obstacle à l'application du divorce. Sans doute le divorce va nécessiter un règlement définitif des droits matrimoniaux. Mais l'absence d'un époux n'a pas pour effet d'assurer l'immortalité à son conjoint, et, certainement, le décès de l'époux présent, mettant fin au mariage, aussi bien que le divorce, nécessite le règlement définitif, *hic et nunc*, des droits matrimoniaux.

3° *Interdiction*. — Ce que nous venons de dire de l'absent nous permettra d'être bref, en ce qui concerne l'interdit. Ici nous ne rencontrons plus l'objection tirée de l'incertitude sur l'existence du mariage qu'il s'agit de rompre. L'absence du défendeur, l'impossibilité dans laquelle il serait de comparaître, n'est pas une raison de ne point donner suite à la procédure de l'article 310. Il est bien vrai que nous-même avons pensé que l'interdit par son tuteur ne peut par lui-même intenter l'action. La raison en était que le fait de demander le divorce est un fait absolument personnel, que l'intéressé seul peut accomplir. Ici c'est contre l'incapable que l'instance est liée. L'action est intentée par une personne capable qui y a droit ; et il ne nous paraît pas que l'infortune du coupable peut-être, soit pour sa victime, une cause qui lui fasse perdre ses droits (1).

1. Il est bien évident, puisque nous nous occupons de la conversion de la séparation de corps en divorce, que nous supposons les faits coupables commis en état de santé d'esprit. Nous admettons, avec les auteurs, que les faits commis par un époux

4° Réciprocité des torts. — Cette question a donné lieu à une discussion assez vive, et, pourrait-on dire, assez embrouillée dans la doctrine et la jurisprudence. Nous aurons surtout à examiner cette doctrine quand nous nous demanderons si le divorce peut être substitué à la séparation de corps, autrement que par la conversion, quand il y a une cause nouvelle.

Mais en ce qui concerne la conversion proprement dite, que nous étudions en ce moment, la question ne nous paraît pas devoir se poser. Le divorce ne résulte point des faits invoqués, mais uniquement de ce fait que la séparation a duré trois ans. Or, il nous semble que les injures, sévices, postérieurs à la séparation, ne sont pas de nature à amener une réconciliation entre les époux. Cependant il faut ajouter que si c'est l'époux demandeur en conversion qui a commis les actes répréhensibles, il pourra se faire que les juges, usant de leur pouvoir discrétionnaire, refusent de prononcer le divorce. Ce refus serait alors basé sur ce principe, que nul ne peut invoquer la persistance de la séparation, si cette persistance résulte de sa propre volonté.

en état de folie ne seraient point une cause de divorce ou de séparation. Qu'y aurait-il de plus inhumain que de faire du malheur d'un des époux une cause légale d'abandon pour son conjoint?

Nous pouvons conclure maintenant que quand les conditions requises par l'article 310 sont réunies, il n'y a aucun obstacle légal qui puisse empêcher la conversion en divorce, excepté la reconciliation qui serait intervenue entre les époux.

Cependant, en ce qui concerne la conversion d'un jugement antérieur à la loi du 27 juillet 1884, une dernière question peut être posée : elle résulte du changement intervenu dans l'article 232 du Code civil. La séparation a pu être prononcée à la suite d'une condamnation à une peine infamante seulement. D'après la loi nouvelle, le divorce ne peut être prononcé qu'autant qu'il s'agit d'une peine afflictive et infamante. Quelle est à l'heure actuelle la situation de deux époux séparés à la suite d'une condamnation à une peine infamante seulement ? Peuvent-ils l'un ou l'autre demander la conversion en divorce ? Le cas n'a point été prévu par le législateur, cependant il méritait d'être réglementé dans les dispositions transitoires. La question peut surtout paraître délicate pour ceux qui exigent que le juge se demande dans l'instance en conversion si les motifs qui ont fait prononcer la séparation de corps sont suffisants pour faire prononcer le divorce. Quant à nous, nous appuyant sur la véritable raison d'être de l'article 310, nous pensons que la conversion est possible. Commençons par poser, en principe, que la loi actuelle ne met aucunement fin à la séparation de corps prononcée sous l'empire de la loi ancienne : la loi n'a point d'effet rétroactif. Donc, si les deux époux ne pouvaient demander le divorce, ils se verraient condamnés à une séparation perpétuelle. Or, si la loi permet la conversion du jugement de séparation de corps en jugement de divorce, surtout quand c'est au profit du défendeur primitif, elle n'a qu'une raison d'être : les inconvénients de la séparation perpétuelle et forcée. La loi considère comme contraire à l'ordre public, à la morale, de contraindre un individu, malgré sa volonté, de rester indéfiniment « marié sans l'être. » Que pourrait-on objecter ? L'article 310 nouveau, qui déclare que, pour qu'il y ait divorce, il faut une condamnation à une peine afflictive et infamante ? Mais ici nous nous trouvons en présence d'une tout autre question. La cause de la conversion est, non pas le fait qui a donné lieu à la séparation de corps, nous ne saurions trop le répéter : c'est l'existence même de la séparation. Or, la séparation de corps existe légalement en vertu du jugement prononcé sous l'empire de la loi ancienne ; donc, la conversion en jugement de divorce est légalement possible. En réalité, nous ne pensons pas qu'il y ait là aucune difficulté.

SECTION II.

De la substitution du divorce à la séparation de corps
autrement qu'en vertu de l'article 310.

Quand deux époux sont séparés de corps, ne peuvent-ils point parvenir au divorce sans invoquer l'article 310, et en suivant la procédure ordinaire organisée pour la demande en divorce ?

Cette question se présente dans deux hypothèses bien distinctes et doit, comme nous le démontrerons, recevoir dans les deux cas une solution opposée. De deux choses l'une : ou bien l'époux offensé fait abstraction du jugement de séparation et demande le divorce en raison des mêmes faits (1), ou bien des faits nouveaux ont surgi, et en consé-

____

1. A cette hypothèse il faut assimiler celle où le demandeur baserait sa demande tant sur les faits anciens que sur les faits nouveaux, et non point sur les faits nouveaux seuls.

quence l'un ou l'autre époux les invoque pour demander le divorce.

1re hypothèse. — Un époux a demandé et obtenu contre son conjoint la séparation de corps; il demande maintenant le divorce. Peut-il à la condition de ne pas invoquer la procédure simple de l'article 310, en faisant abstraction d'un jugement qu'il avait obtenu, demander purement et simplement le divorce, avant qu'il se soit écoulé un délai de trois ans ? (1) La question s'était déjà posée, en ce qui concerne l'époux innocent, sous l'empire du Code civil ; mais depuis la loi du 27 juillet 1884 elle se pose encore plus vive, et les partisans de l'affirmative trouvent un nouvel appui dans le rapport présenté au Sénat par M. Labiche. « Selon moi, dit-il, la faculté d'invoquer après trois ans la procédure de faveur de la conversion, n'est jamais un obstacle à ce qu'on use, avant ou après les trois ans, de la procédure de droit commun pour demander le divorce, soit qu'il y ait des faits nouveaux à invoquer, soit qu'on s'appuie seulement sur des faits anciens ».

Examinons successivement les arguments qui ont été invoqués. L'argument invoqué sous l'empire du

1. La question ne se pose évidemment que pour l'époux innocent, le coupable n'ayant certainement pas d'autre moyen de parvenir au divorce que l'application de l'article 310 du Code civil.

Code civil résultait d'un passage des *Travaux pré-*
paratoires fort peu concluant. Aussi ce système avait-
il été repoussé par la jurisprudence et par la doctrine (Voy. Aix, 27 nov. 1809, Aix, 19 juin 1810).
La jurisprudence belge est aussi contraire (V. Bruxelles, 28 janvier 1859). Nous ne pouvons qu'approuver cette jurisprudence tout en repoussant certains motifs invoqués par la Cour d'Aix. « Attendu,
dit cette Cour ; qu'on ne pourrait sans favoriser le
caprice, la légèreté et même l'immoralité, écouter
celui qui, pour légitimer sa demande en divorce, aurait besoin de soutenir que les principes avoués par
sa conscience, lors de sa demande en séparation, ne
sont plus les mêmes» (Arrêt du 19 juin 1810). Ce n'est
certainement pas le point de vue des rédacteurs du
Code. La réponse a été faite par Portalis : « Il est possible que des personnes se soumettent à un acte religieux prescrit par un culte qu'elles ne professent pas,
que dans la suite elles changent de culte, elles ont à cet
égard la plus entière liberté. La double action en
divorce et en séparation de corps n'a été établie que
pour mettre toutes les consciences à l'aise ».

Nous repoussons donc l'argumentation de la cour
d'Aix ; mais à côté du motif qu'elle invoque et qui
ne vaut rien, il y en a d'autres de la plus grande
valeur. Les causes qui font admettre le divorce et
la séparation de corps étant les mêmes, le deman-

deur avait originairement le choix entre deux voies à prendre : celle de la séparation de corps et celle du divorce. Ayant choisi l'une, il est considéré comme ayant renoncé à l'autre, *electa una via excluditur altera.* « Lorsque le demandeur, dit la cour de Bruxelles, choisit la voie de la séparation de corps, il proclame par cela même que ce moyen est pour lui suffisant, et qu'il n'y a aucune nécessité de recourir au divorce. » Sans doute le demandeur peut invoquer la conversion, mais c'est là un droit nouveau qu'il ne possède qu'en vertu de l'article 310 et en respectant les termes de cette disposition.

Nous disons que l'article 310 nouveau établit une faveur pour l'époux demandeur. Nous ne disons pas que cette faveur soit injustifiée, mais il n'y en a pas moins là une dérogation aux principes du droit. En effet, quand des faits graves ont été commis, et que l'époux victime a demandé la séparation de corps, il leur a fait produire tout l'effet qu'ils sont susceptibles de produire. Le jugement de séparation donne en quelque sorte un droit acquis au défendeur. Il y a renonciation implicite de la part du demandeur à invoquer le divorce, à raison des faits passés, et cette renonciation est parfaitement valable et obligatoire. Que si le demandeur se repent dans la suite du parti qu'il a choisi, cela ne lui donne aucun droit ; s'il souffre un préjudice, il ne peut s'en prendre qu'à

lui. « *Volenti non fit injuria* », disait à ce propos
Portalis. Que peut-on objecter à ce raisonnement ?
M. Labiche, dans son rapport verbal au Sénat, déclare que : « Les faits anciens n'ont jamais été appréciés au regard d'une demande en divorce, puisqu'il n'y a jamais eu qu'une demande en séparation
de corps ; au regard du divorce, il n'y a donc pas
chose jugée. » Il n'y a pas chose jugée ; c'est aussi
en vertu de ce principe que M. Labiche donne toujours, comme nous l'avons vu, un pouvoir absolument discrétionnaire aux juges, dans les demandes
en conversion. Mais il ne faudrait pas croire que ce
soit là l'opinion générale du Sénat. et surtout de la
Chambre des députés. M. Labiche expose une opinion qui lui est personnelle ; et, du reste, il déclare
lui-même n'exposer que son sentiment. Eh bien !
M. Labiche se trompe, quand il dit qu'il n'y a pas
chose jugée dans notre hypothèse.

Prenons les conséquences du principe posé par le
rapporteur. Ce sont les suivantes : 1° quand un
époux aura échoué dans une demande en divorce, il
pourra demander la séparation de corps absolument
pour les mêmes faits ; 2° à l'inverse quand une personne n'aura pu réussir dans son action en séparation il lui sera loisible de réclamer le divorce en
suivant la procédure des articles 234 et suivants ;
3° lorsque l'un des époux demandera la conversion,

les juges saisis pourront examiner à nouveau l'affaire, réviser la première décision relativement aux faits invoqués, et puisqu'il n'y a point autorité de la chose jugée ils pourront déclarer que les faits qui ont donné lieu à la séparation, ont été mal interprétés par les premiers juges, et, s'il s'agit d'adultère par exemple, qu'il n'a pas été suffisamment constaté pour donner lieu au divorce.

Ces conséquences, il est probable que M. Labiche les repousserait énergiquement les unes et les autres. Tout en admettant le pouvoir discrétionnaire du magistrat, il ne lui reconnaissait que le droit d'apprécier non par l'existence mais par la gravité des faits au point de vue du divorce, qui lui paraît devoir être appliqué plus difficilement que la séparation de corps. Aussi bien ne peut-on pas admettre ces différentes conséquences parce que la question qui s'élève n'est pas absolument une question de chose jugée. La loi donne aux époux malheureux deux voies pour sortir de l'état dans lequel ils se trouvent, deux voies entre lesquelles la loi n'a aucune préférence et entre lesquelles les époux peuvent librement choisir mais l'option est définitive. Tel est le véritable point de vue auquel il faut se placer, et par conséquent écarter la question de chose jugée. Concluons donc en disant que celui qui a obtenu la séparation de corps doit toujours attendre trois ans

pour faire prononcer le divorce (1), à moins qu'il
ne se présente des faits nouveaux suffisants pour
entraîner le divorce, comme nous le démontrerons
en étudiant la seconde hypothèse.

Ce que nous venons de dire ne s'appliquerait pas
cependant dans le cas où l'époux qui a obtenu la
séparation invoquerait un fait antérieur à la procédure, mais que légalement il n'aurait pu invoquer
au cours du procès, parce que légalement alors ce
n'était point une cause de séparation. Cela se présente dans le cas où la femme demanderesse en séparation pour cause d'excès ou sévices, sous l'empire du Code civil, viendrait maintenant, mais avant
l'expiration du délai de trois ans, demander le divorce pour cause d'adultère du mari commis avant
la loi du 27 juillet 1884. Sous l'empire du Code civil,
en effet, l'adultère du mari n'était pas une cause de
divorce ; il en est différemment à l'heure actuelle,
et on ne pourrait rien objecter à une femme qui de-

1. On a encore fait remarquer que dans le système que **nous**
combattons, l'article 310 en tant qu'il permet au demandeur de
réclamer le divorce au bout de trois ans, n'aurait plus aucun
effet sensible. Si le demandeur peut quand bon lui semble invoquer le divorce par la voie ordinaire, il le fera sans attendre
le délai de trois ans imposé par l'article 310. Quelle que soit la
longueur de la procédure en divorce, cet époux obtiendra souvent sa liberté avant que le jugement de conversion puisse être
rendu.

manderait à invoquer cette cause à un moment où la loi le lui permet après le lui avoir interdit.

Cette solution suppose admis le principe en vertu duquel on peut, depuis la loi nouvelle, invoquer des faits suffisants à l'heure actuelle, mais qui au moment où ils ont été commis, ne pouvaient être une cause de divorce. Ce principe a été admis par un arrêt de la Cour de Nancy en date du 12 novembre 1884, qui ne fait que suivre la doctrine admise autrefois par la Cour de Turin à propos des condamnations à une peine infamante antérieure à la promulgation du Code civil. On ne peut en effet invoquer contre cette solution le principe de la non-rétroactivité des lois et dire que l'époux coupable au moment où il commettait l'acte, avait un droit acquis à ne pas voir invoquer cet acte contre lui. Il ne s'agit aucunement ici d'une loi pénale. « Attendu qu'on ne saurait adopter le système des juges, qui n'ont cru pouvoir appliquer la loi à l'espèce ou la condamnation de C.... (nous dirions l'adultère), se trouve antérieure à sa promulgation, sans la faire rétroagir contre le vœu exprès du titre préliminaire du Code civil ; car c'est un principe constamment reçu en jurisprudence et consacré itérativement par la Cour de cassation, que les lois relatives à l'état des citoyens, et aux droits qui en dépendant, saisissent la personne dans l'état où elle se trouve au moment

de leur promulgation, indépendamment des lois sous
l'empire desquelles eurent lieu les faits, ou prirent
naissance les titres qui servent de fondement à
l'exercice des droits nouvellement établis. » (Turin,
25 mai 1808).

Deuxième hypothèse. — Des faits nouveaux se sont
produits depuis la séparation de corps, faits qui par
eux-mêmes, abstraction faite des griefs anciens,
seraient suffisants pour donner lieu au divorce.
Dans ce cas l'un ou l'autre des époux pourrait-il
demander le divorce sans attendre le délai de trois
ans ?

La Cour d'Aix, sous l'empire du Code civil, a répondu négativement au moins en ce qui concerne
le demandeur. Bien que cet arrêt soit un peu long,
nous le citerons parce qu'il contient les arguments
qu'on peut encore invoquer contre l'opinion que nous
admettons. « Considérant que de ce que l'inconduite
de la femme rejaillit encore sur le mari après la
séparation, l'on ne peut conclure que celui-ci conserve le droit de demander le divorce : — que l'inconvénient a été prévu par les législateurs, comme
une suite nécessaire de la séparation de corps, introduite comme une voie parallèle au divorce, ainsi
que l'attestent les conférences du Conseil d'État, à
la date du 26 vendémiaire an X ; — qu'au lieu de le
faire disparaître, en admettant comme le suppose

l'intimé, que l'époux demandeur en séparation, pourrait, en cas de nouveaux torts, réclamer le divorce, on se contente de répondre que si « en conséquence de ses principes religieux le mari a préféré la séparation au divorce, il a connu les inconvénients et les suites de son option, *volenti non fit injuria* (Portalis). Un autre orateur, Tronchet, ajoute que « cet inconvénient était bien compensé par le soulagement que la faculté d'user de la séparation de corps donne à la conscience du mari, et son sort sera toujours moins malheureux que si, ce moyen lui manquant, il était obligé de garder sa coupable épouse. » Considérant qu'en soutenant qu'il ne fut question alors que du cas où la femme continuerait de déshonorer son mari, et non celui où l'adultère serait postérieur à la séparation l'on a présenté une distinction peu fondée puisqu'il est bien évident que l'inconduite ne peut être constatée sans adultère nouveau, sans faits postérieurs ; puisque, d'ailleurs on ne peut douter que l'inconvénient dont il s'agit n'eût été aperçu pour les deux cas, c'est-à-dire non-seulement pour le cas où la séparation a été demandée par le mari et pour cause d'adultère de la femme, mais encore, comme l'indique Locré (*Esprit du Code Napoléon*, T. IV, p. 68), dans celui où elle a été obtenue pour toute autre cause.

Qu'on pourrait, au besoin, remarquer que cet in-

convénient qui toucha si peu les législateurs lors de
la confection du Code, serait moins important à
considérer aujourd'hui que le nouveau code pénal
a rétabli une peine contre l'époux adultère ; — considérant que l'intimé a lui-même prononcé la condamnation de son système en convenant que l'époux
qui a obtenu la séparation, n'est recevable ensuite
à demander le divorce, qu'autant qu'il se fonde sur
des causes différentes par leur nature de celles qui
ont fait prononcer la séparation ; — c'est là supposer une distinction dont il est impossible de
trouver une trace dans le Code, qu'il est d'autant
moins permis de la supposer, qu'elle entraînerait
les conséquences les plus absurdes : qu'ainsi, par
exemple, l'époux, qui, ayant obtenu la séparation
pour cause d'adultère, ne serait plus recevable à
demander pour un pareil motif le divorce, pourrait
cependant encore l'obtenir pour injures graves ;
que le système du sieur D... tend à présenter la
séparation comme un simple état d'épreuve, servant d'échelon pour arriver au divorce, tandis que
le résultat des conférences au Conseil d'Etat s'élève
tout entier pour attester que cette proposition qui
avait été faite fût formellement repoussée ; que la
loi, sans distinguer plus ou moins de gravité dans
les diverses causes qui autorisent l'admission du
divorce ou de la séparation, voit dans toutes une

preuve égale qu'il faut venir au secours de l'époux, pour qui les torts de son conjoint ont rendu la vie commune insupportable; que la loi offre contre ce mal, quelle qu'en soit la source, deux remèdes pour l'un desquels l'époux qui en a besoin doit opter; qu'après cette option, celui qui a usé du remède de la séparation, ne peut, sans inconséquence et sans revenir contre son choix, réclamer le remède du divorce, en alléguant une nouvelle cause, puisque la loi n'a point déterminé que cette nouvelle cause, quelle qu'elle fût, pût être plus puissante ou plus favorable que celle qui avait fait admettre la séparation ; qu'ainsi puisque le sieur D... a vu dans la séparation de corps un moyen suffisant pour assurer sa tranquillité, ce moyen doit encore lui suffire » (Aix, 19 juin 1810).

Nous adoptons complétement la doctrine de cet arrêt lorsqu'il déclare qu'il ne faut faire aucune distinction suivant que les faits nouveaux sont de même nature que ceux qui ont motivé la séparation, ou d'une nature différente. Mais nous ne pouvons l'approuver également dans sa conclusion principale, lorsqu'il déclare que celui qui a vu dans la séparation un remède suffisant ne peut demander le divorce. Cette idée, si elle avait été celle des rédacteurs du Code civil, n'est pas exacte à l'heure actuelle, puisque justement, la loi nouvelle permet au demandeur d'invoquer la conversion.

Est-ce à dire qu'il est inutile d'examiner la doctrine de l'arrêt précité? Non ; car le seul article modifié est l'article 310, et si cet arrêt était en 1810 l'expression de la loi, il faudrait à l'heure actuelle que les époux attendent le délai de trois ans pour demander le divorce. Et précisément nous pensons que ce délai de trois ans ne peut être imposé.

Peut-on dire, comme l'arrêt, que dans notre système la séparation de corps devrait être considérée comme un simple état d'épreuve, servant d'échelon pour arriver au divorce? Non, il ne peut-être question de considérer la séparation comme un échelon permettant d'atteindre plus haut, quand les faits postérieurs à la séparation, permettent par eux-mêmes, par eux seuls, d'obtenir ce que l'on désire: le divorce. Nous prétendons seulement que l'état de séparation de corps n'est pas un obstacle au divorce quand on peut l'obtenir à l'aide de faits nouveaux.

Quant aux travaux préparatoires du Code civil, ils ne sont aucunement convaincants. Sans doute, les rédacteurs ont, à plusieurs reprises, reconnu les inconvénients de la séparation de corps, et ont déclaré que cela ne suffisait pas pour lui substituer, toujours et quand même, le divorce; mais tout cela ne touche en rien à notre question. Nous ne revenons pas sur l'objection tirée des principes religieux de celui qui a obtenu la séparation, quelle qu'en ait été la valeur sous le Code civil, et nous croyons avoir démontré qu'elle était nulle, il est absolument certain que la loi actuelle ne l'admet point.

La raison pour laquelle nous avons interdit au demandeur d'invoquer les faits anciens pour substituer le divorce à la séparation de corps, ne se rencontrent plus. On ne peut dire, en effet, que celui qui, pour un fait demande la séparation, c'est-à-dire simplement le relâchement du lieu conjugal, dans l'espérance de le voir se resserrer dans la suite, renonce à demander la dissolution de ce même lien pour le cas où de nouveaux faits viendraient augmenter la désunion entre les époux. Et puis la question reviendrait alors à se demander si une personne peut à un moment donné renoncer à se servir plus tard du divorce, si des causes de divorce viennent à se réaliser ; il est certain que, la loi étant d'ordre public, aucune convention tendant à en écarter l'application, ne peut être obligatoire.

S'il s'agit du défendeur à la séparation demandant le divorce, on ne peut lui opposer les objections précédentes, puisque jamais il n'a eu le choix entre les deux actions. Mais on rencontre dans ce cas une autre objection que nous avons déjà signalée ; elle est tirée de la prétendue théorie de la réciprocité des torts. En vertu de cette théorie, dit-on, l'un des époux ne peut demander le divorce, qu'autant que lui-même ne s'est point rendu coupable de faits qui autoriseraient son conjoint à demander soit le divorce, soit la séparation de corps. Il y a dans ce cas compensation. Or, nous nous trouvons dans cette situation, quand c'est le défendeur à la séparation qui demande le divorce ; il invoque l'inconduite de son conjoint, et lui-même il avait commencé par commettre les faits qu'il reproche maintenant à son conjoint.

Nous pourrons dire d'abord que la situation n'est pas la même que dans le cas où, deux époux étant également coupables, l'un d'eux voudrait faire prononcer à son profit le divorce ou la séparation de corps. On comprendrait à la rigueur que, dans ce cas, la justice renvoyât l'un et l'autre sans les entendre. Mais ici l'un des époux s'est rendu coupable de faits qui ont motivé la séparation de corps et lui ont fait encourir les déchéances de la séparation ; la compensation ne peut plus se comprendre entre deux dettes, dont l'une est acquittée et l'autre pas.

Mais il nous semble qu'il vaut mieux repousser toute la théorie elle-même et déclarer qu'en principe, la réciprocité des torts n'entraîne point déchéance du droit pour chaque époux de demander la séparation de corps ou le divorce. Qu'il nous soit permis de citer ici une page dans laquelle M. Demolombe a réfuté le système d'une manière plus complète que nous ne saurions le faire. « Le mari et la femme, dit-il, sont chacun de son côté adultères ; ou bien ils se prodiguent réciproquement toutes sortes d'injures, d'excès et de sévices. Voilà notre fait..... Eh ! bien ; je dis que non seulement les textes, comme je crois l'avoir établi, commandent de prononcer la séparation, mais qu'ainsi le veulent encore les principes et les plus hautes considérations de morale et d'intérêt public. Qu'est-ce donc que la séparation de corps ? C'est en méconnaître, selon moi, le caractère, que de n'y voir qu'une *réparation* (Vazeille, T. II, n° 574) *ou un refuge au conjoint opprimé qui mérite la protection de la justice* (Massol, p. 85). La séparation de corps, sans doute, se propose l'intérêt des époux, l'intérêt principalement de l'époux opprimé, j'en conviens ; mais c'est aussi, ne l'oublions pas, une institution d'ordre public, qui se propose le bon ordre des familles, le bon ordre de la société. Et les deux époux, fussent-ils également coupables, également odieux, il n'en faudra pas moins prononcer la séparation, si vous reconnaissez que la vie commune n'est pour eux qu'un enfer, et pour la société qu'un scandale. Oui, certes, il y a là un grand intérêt public ! car

nous devons tout craindre de ces situations, lorsqu'elles nous révèlent d'irréconciliables haines.....
« Contigit enim ut ex his nonnulli ad mutuas insidias procederent, venenisque et aliis quibusdam, quæ lœthalia essent, uterentur. » La Novelle 140 est bien vieille, mais les passions humaines n'ont pas changé. Comment! parce que ces deux époux sont animés au plus haut point l'un contre l'autre, parce que des torts respectifs ont élevé entre eux une double barrière; parce qu'il y a enfin dans ce procès deux causes de séparation au lieu d'une, vous en conclurez qu'il ne faut pas du tout prononcer la séparation! J'en conclus, moi, au contraire, qu'il faut doublement la prononcer » (Demolombe, IV, 415).

Il est évident que même après l'expiration du délai de trois ans les époux pourront demander le divorce pour cause survenue depuis la séparation, sans recourir à la procédure de faveur de l'article 310. Les époux pourraient avoir à cela un intérêt considérable. L'époux demandeur, en effet, pourrait trouver dans une nouvelle cause de divorce un avantage nouveau. Par exemple, depuis la séparation, le défendeur a commis un adultère, qui permettra au demandeur, invoquant le divorce pour ce fait, d'empêcher son conjoint de contracter mariage avec le complice de l'adultère.

Mais c'est surtout l'époux défendeur à la séparation qui aura intérêt à pouvoir demander le divorce
au lieu d'user de la procédure de l'article 310. Après
la séparation, les avantages consentis par lui à son
conjoint étaient demeurés existants, tandis qu'il
perdait ceux que son conjoint avait pu lui consentir.
Après le divorce, l'époux primitivement défendeur
reprendra, non pas ce qu'il avait perdu, mais ce
qu'il avait donné à son conjoint, et que ce dernier
avait conservé.

CHAPITRE II.

Nous avons vu dans le chapitre précédent à quelles conditions le divorce peut être substitué à la séparation de corps. Nous allons étudier maintenant la marche à suivre pour arriver à ce résultat. Ici encore nous nous demanderons : Quelle procédure doit-on suivre lorsqu'il s'agit d'une demande en conversion proprement dite ; 2° qu'elle est, au point de vue de la procédure, l'influence soit d'une demande reconventionnelle, soit de faits nouveaux invoqués par l'un ou l'autre époux. Puis nous étudierons s'il ne peut point y avoir de mesures provisoires à prendre. Enfin nous nous demanderons quelles sont les voies de recours contre les jugements, soit qui admettent, soit qui rejettent le divorce.

SECTION I.

Procédure en conversion proprement dite.

Nous supposons d'abord le cas le plus simple. Deux époux sont séparés depuis plus de trois ans ; il n'y a eu ni faits nouveaux, ni réconciliation ; dans ces circonstances l'un d'eux, en vertu de l'article 310 du Code civil, demande la conversion. Devant quel tribunal et en quelle forme doit il faire sa demande ?

1° *Tribunal compétent*. Dans le projet on avait décidé que le tribunal compétent pour statuer sur la demande en conversion serait le tribunal qui aurait rendu le jugement de séparation de corps. Les raisons invoquées étaient les suivantes : 1° C'est le tribunal du domicile conjugal au moment où les époux vivaient ensemble, c'est donc le mieux placé pour savoir quelle est au juste la gravité des faits qui ont donné lieu à la séparation et à cause desquels on demande la conversion en divorce. 2° Ce tribunal, qui a déjà eu à connaitre de cette affaire, est le mieux renseigné sur la possibilité d'une réconciliation entre les époux. 3° L'époux demandeur en conversion saura toujours à quel tribunal s'a-

dresser ; peu importeront alors les changemements
de résidence, qui pourraient n'être pas connus, la
vie commune ayant cessée.

Ces raisons ont paru à bon droit insuffisantes, et
la disposition a disparu (1). En effet, la composi-
tion du tribunal aura souvent changé au bout de
trois ans, et les nouveaux juges seront aussi étrangers à l'affaire que ceux d'un tribunal quelconque.
Quant à la gravité des faits elle a été appréciée
déjà ; les faits étaient graves puisque la séparation
a été prononcée. Ce qu'il importe de savoir maintenant, c'est s'il n'y a eu ni réconciliation, ni tentative de rapprochement et s'il n'y a point espoir de
réunion dans un avenir assez rapproché. Le tribunal qui a prononcé la séparation de corps n'est pas,
à ce point de vue, mieux placé qu'un autre puisque
les faits ont pu se passer dans un endroit éloigné
quand les époux séparés avaient quitté leur domicile ancien. La raison invoquée en troisième lieu
tombe devant cette considération qu'il aurait toujours fallu faire des recherches pour trouver l'époux

1. Cependant, même encore maintenant, quelques personnes,
à propos du projet de loi sur la procédure du divorce présenté
au Sénat, ont proposé de revenir à la compétence du tribunal
qui a prononcé la séparation. La conversion est une suite du
jugement de séparation. On appliquerait donc la règle que c'est
le tribunal qui a rendu une décision qui doit connaître de son
exécution.

défendeur à la conversion, puisque la loi exige qu'il soit assigné.

C'est donc avec beaucoup de raison que cette disposition a disparu dans la rédaction définitive de la loi. Nous nous trouvons en présence d'une action purement personnelle et par conséquent le tribunal compétent est celui du domicile du défendeur. « Attendu, dit le tribunal de Versailles, que la demande dont il s'agit est une demande pure personnelle, et que le tribunal compétent pour connaître de ces sortes de demandes est, aux termes de l'article 59 du Code de procédure civile, le tribunal du lieu où le défendeur a son domicile, et à défaut, sa résidence » (Jugement du 27 août 1884).

Cette solution ne souffre aucune difficulté quand le domicile du défendeur est connu, ou quand, à défaut de domicile connu, on sait où il réside. Mais il arrivera souvent que deux époux séparés de corps, pouvant avoir un domicile différent, ignoreront souvent quel est le domicile l'un de l'autre. Comment celui qui vient demander la conversion s'y prendra-t-il alors ? Devant quel tribunal pourra-t-il porter sa demande ?

L'article 69, prévoyant seulement la remise des exploits, déclare que : « Seront assignés... 8° ceux qui n'ont aucun domicile, connu en France, au lieu de leur résidence actuelle ; si le lieu n'est pas connu, l'exploit sera affiché *à la principale porte de l'auditoire où la demande est portée ;* une seconde copie sera donnée au procureur de la République, lequel visera l'original. »

« Cet article ne fait que reculer la question. Devant quel tribunal doit-on porter la demande ? à la porte de quel tribunal doit-on faire apposer l'affiche ? Telle est la difficulté et on ne peut en donner aucune solution qui ne soit arbitraire, car d'après le § 1 de l'art. 59, le tribunal compétent, c'est celui du domicile, c'est celui de la résidence ; or, le défendeur ici n'a ni domicile, ni résidence connus. » (Boitard, T. I, n° 184).

Est-ce à dire que la question soit insoluble ? Non, évidemment ; puisque la loi permet d'assigner le défendeur qui n'a ni résidence, ni domicile connus ; elle permet par cela même, de laisser de côté le principe de l'article 59 § 1 du Code de procédure civile. Quelle règle appliquer alors ? Il ne peut être question du tribunal du lieu où l'obligation a été contractée puisqu'il ne s'agit point de l'exécution d'une obligation. Du moment où on écarte la règle : *Actor sequitur forum rei,* du moment où on n'oblige plus le demandeur à se déranger pour poursuivre le défendeur chez lui, afin de lui éviter un dérangement peut-être injuste, il est certain que le demandeur peut agir devant son propre tribunal (1). C'est la solution adoptée par le tribunal de Marseille. « Attendu que L..., n'a pas cessé d'avoir son domicile à Marseille, que, d'autre part, le domicile de la dame C..., étant inconnu, le tribunal de céans est compétent pour statuer sur la présente demande, et que c'est devant l'officier de l'état civil de Marseille, *domicile du demandeur*, que le divorce devra être prononcé. » (Jugement du 15 novembre 1884).

Bien entendu il faut qu'il s'agisse réellement d'un domicile et d'une résidence inconnus. Il ne suffirait pas qu'un époux séparé, afin de s'épargner la nécessité de suivre son conjoint devant le tribunal de ce dernier, vienne prétendre qu'il ignore où est ce domicile. Peu importe qu'en fait le demandeur ait ou non ignoré ce domicile, il doit avoir fait des recherches suffisantes, pour découvrir le domicile du défendeur, et savoir quel est le tribunal compétent. « Attendu que le tribunal ne peut admettre le mode exceptionnel d'assignation organisée par l'art. 69 § 8 du Code de procédure civile, que

---

1. Quelques époux, ignorant le domicile du défendeur, avaient porté la demande en conversion devant le tribunal qui avait prononcé la séparation ; mais les tribunaux se sont déclarés incompétents. Nous avons vu, en effet, que la loi avait refusé de considérer la demande en conversion comme étant l'exécution du jugement de séparation.

s'il lui est démontré que l'huissier instrumentaire et
son requérant ont fait pour découvrir l'assignée,
toutes les investigations que commandent la pru-
dence et la bonne foi. » (Trib. civ. de Versailles, 27
août 1884).

Si, au lieu de supposer que le défendeur n'a ni
résidence ni domicile connus, on le suppose en pays
étranger, il faudra, suivant nous, appliquer la même
règle en ce qui concerne la compétence du tribunal.
En ce qui touche au mode d'assignation, il convien-
drait, au contraire, d'appliquer l'article 69 § 9 du
Code de procédure civile, et faire parvenir cette assignation par l'intermédiaire du procureur de la République et du ministre, soit des affaires étrangères,
soit de la marine.

2° *Procédure*. — Nous connaissons le tribunal
compétent, comment sera-t-il saisi de la demande ?
Avant de résoudre cette question, il faut en examiner une plus générale et assez délicate. L'article
310, en effet, est loin de régler tous les détails de la
procédure à suivre et son silence sur des points assez nombreux a fait naître des difficultés sur lesquelles les tribunaux sont loin de donner des solutions concordantes.

L'article 310 est ainsi conçu : « Cette nouvelle demande sera introduite par assignation à huit jours
francs, en vertu d'une ordonnance rendue par le
président.

« Elle sera débattue en Chambre du conseil.

« L'ordonnance nommera un juge rapporteur, ordonnera la communication au ministère public, et fixera le jour de la comparution.

« Le jugement sera rendu en audience publique. »

Cet article prévoit un certain nombre de particularités relatives à la demande en conversion ; mais en dehors de ces particularités, d'autres formalités sont exigées ; de plus, même pour les actes prévus, plusieurs formes sont possibles. La difficulté vient surtout de ce que, pour les demandes principales en divorce, il y a une procédure toute spéciale qui n'a été aucunement abrogée par le Code de procédure civile, puisqu'il déclare dans son article 881 : « A l'égard du divorce, il sera procédé comme il est prescrit au Code civil. » Cette procédure du divorce, établie à une époque où on se trouvait encore sous l'empire de l'ordonnance de 1667, présente de nombreuses différences avec la procédure ordinaire.

La question, en ce qui concerne l'article 310, est de savoir si, pour les formalités exigées par cet article, on devra suivre la procédure établie par le Code civil au titre du divorce ou bien la procédure ordinaire du Code de procédure civile. La solution de cette question paraît délicate, et, parmi les tribunaux, les uns admettent les règles du Code civil sur le divorce par voie principale, les autres les rejettent et appliquent la procédure ordinaire.

Voici comment raisonnent les partisans du premier système : « Si le temps d'épreuves imposé aux époux séparés de corps a permis au législateur de débarrasser le procès des lenteurs de l'instance principale, cette circonstance n'est pas de nature à modifier le caractère de l'action. Elle tend comme l'instance principale à faire prononcer la dissolution du lien conjugal, à faire prononcer le divorce. Or, aux termes de l'article 881 C. pr. c., il doit être procédé en ce qui concerne les instances en divorce comme il est prescrit au Code civil, peut-on dire, que toute action en divorce doit être introduite, et ce n'est que dans le silence du Code civil qu'on peut recourir aux principes ordinaires de la procédure civile. »

Ce raisonnement, qui, s'il est exact, il faut le remarquer, devait s'appliquer sous l'empire du Code civil, de l'article 310 ancien, nous paraît pour cette époque absolument incompatible avec la disposition ancienne. Il était impossible de prétendre appliquer la procédure du chapitre II du titre VI du Code civil, lorsque l'époux originairement défendeur demandait le divorce au tribunal, lequel devait, sans aucun examen, l'admettre, si le demandeur originaire ne consentait pas à reprendre immédiatement la vie commune. L'article 310 n'indiquait aucune formalité à accomplir et par conséquent ne faisait aucun choix parmi les nombreuses formalités des articles 234 et suivants ; l'interprète ne pouvait donc en faire arbitrairement, et, de toute évidence, il fallait bien avoir recours à la procédure ordinaire dans cette instance. Il est vrai qu'il y aura lieu à débat à l'heure actuelle que le juge a un pouvoir discrétionnaire ; mais doit-on en conclure qu'il faudra pour l'exercice de ce pouvoir recourir à la procédure compliquée, et, il faut le dire, dont il est difficile, à l'heure présente, d'expliquer la présence dans nos Codes.

On objecte l'article 881. A quoi fait allusion cet article ? à la procédure à suivre pour arriver au divorce, pour cause déterminées, à la procédure du chapitre II du titre VI, applicable d'après ce chapitre, au cas où il est question de demander directement le divorce. Car cette procédure formaliste constitue un tout homogène, dont il est impossible de prendre une disposition sans accepter en même temps les autres. Cette procédure, dans les cas où elle était appliquée dans le Code civil, n'a pas été abrogée par le Code de procédure civile ; mais c'est là la seule signification de l'article 881. Cet article, qui en 1810 ne se rapportait point au cas de conversion prévu par l'article 310 du Code civil, ne peut pas plus le prévoir à l'heure actuelle.

Aussi ne pouvons-nous pas refuser notre adhésion

à la jurisprudence de la Cour de Nancy, qui a formulé sa doctrine dans un arrêt du 13 novembre 1884
(Sirey, 1885, 2). « Attendu que l'article 310 ne
se réfère dans aucune de ses dispositions à la procédure édictée pour les demandes principales en divorce, et notamment à l'article 236 du titre du divorce ordonnant la remise au président du tribunal
par l'époux demandeur en personne, de la demande
en divorce par lui formée ; — Attendu que le législateur de 1884 a pris soin d'établir une distinction
entre la procédure ayant trait à la demande principale en divorce, et la procédure spéciale relative à la
demande en conversion d'un jugement de séparation en un jugement de divorce ; — Attendu en
effet que dans le titre du divorce, il a placé au chapitre II, sous la rubrique « De la procédure du divorce », les règles se rapportant à la première de
ces demandes, tandis qu'il insérait au chapitre V
seulement, et sous la rubrique « De la séparation
de corps » les règles se rapportant à la seconde ; —
Attendu qu'en classant ainsi ces procédures sous
deux rubriques séparées, les auteurs de la loi de
1884 ont manifestement indiqué leur intention d'or-
ganiser, pour les demandes en conversion prévues
par l'article 310, une procédure spéciale et nouvelle, au lieu d'appliquer à la demande des règles

édictées pour les actions spéciales en divorce (1) ;
Attendu que le rapport verbal au Sénat sur l'article
310 dans la séance du 24 juin 1884, ne laisse aucun
doute sur cette distinction, motivée d'ailleurs par
l'accomplissement déjà acquis des formalités de conciliation et de tentative de rapprochement dont le
Code civil a si justement fait précéder la séparation
de corps ; — Attendu que le rapporteur de la loi déclare que « comme les séparations prononcées de-
« puis trois ans constituent déjà jusqu'à un certain
« point un préjugé en faveur d'une rupture plus
« complète du lien conjugal, l'article 310 édicte une
« procédure *plus simple*, *plus rapide*, afin que le nou-
« veau débat, complément pour ainsi dire d'é-
« preuves, ne rende pas nécessaire la procédure
« longue et compliquée exigée pour le divorce de-
« mandé par action principale » ; — Attendu que
cette procédure de l'article 310 est si bien une pro-

1. Nous reproduisons ici les considérations invoquées par la
Cour de Nancy, parce qu'elles nous paraissent justes en elles·
mêmes. En effet, le législateur aurait renvoyé aux articles précédents en les désignant spécialement s'il n'avait pas établi une
procédure toute spéciale. Cependant si nous n'avions que cette
considération nous n'oserions pas être aussi affirmatif dans notre opinion, parce que le législateur français plus pratique que
théorique, n'a pas toujours montré une précision suffisante dans
la distribution des matières pour qu'on puisse en tirer un argument décisif. Pour nous, c'est plutôt au fond des choses que
dans la forme qu'il convient de chercher la solution de la question qui nous occupe.

cédure distincte, et non pas la répétition de celle qui accompagne l'action principale en divorce, que, au contraire de celle-ci, elle est débattue en chambre du conseil à huis-clos et que le jugement seul est rendu en audience publique ».

Nous allons du reste mieux voir, en étudiant les conséquences de chacun de ces systèmes, que le premier ne se trouve aucunement en harmonie avec la situation prévue dans l'article 310, et que certaines de ces conséquences sont formellement repoussées par le législateur.

En quoi les deux systèmes différent-ils en effet ? Des différences nombreuses se rencontrent à deux points de vue : 1° En ce qui concerne la nécessité d'une action directe personnelle de la part du demandeur ; 2° Au point de vue des recours possibles contre les différentes décisions judiciaires. Nous allons rencontrer ces questions en parcourant rapidement les phases diverses de la procédure à suivre.

La demande en conversion ne peut être portée directement devant le tribunal. « Cette demande sera introduite par assignation à huit jours francs, en vertu d'une ordonnance rendue par le Président. » L'époux demandeur doit donc adresser une requête au président du tribunal. La loi ne parle que du président, mais il est évident que ce dernier peut déléguer ses pouvoirs, comme dans toute autre affaire à l'un des juges du tribunal. Cela sera souvent nécessaire dans les tribunaux très occupés et surtout au tribunal de la Seine. On s'est demandé si cette requête devait être remise par le demandeur lui-même en personne, ou bien si elle pouvait être remise par l'intermédiaire d'un avoué? C'est ce dernier mode qui est employé dans la pratique des affaires ordinaires, et tel est aussi le mode qu'on pourra employer dans la demande en conversion. Pour le décider autrement, il faudrait admettre que la procédure des articles 234 et suivants est applicable à notre hypothèse et nous avons précédemment démontré qu'il n'en était pas ainsi. Du reste à quoi bon cette présence du demandeur. Si on conçoit que la loi ait exigé au début d'une instance en divorce que l'époux demandeur exprime lui-même la volonté de divorcer, c'est que la loi ne veut pas qu'un tiers, en s'interposant entre les époux, s'oppose à une réconciliation au début même de l'instance, ou plutôt avant toute instance. Mais dans la conversion qu'est-il besoin de s'assurer de la volonté formelle de divorcer ? Cette volonté n'est-elle pas surabondamment prouvée par la procédure en séparation qui a suivi son cours, et par les trois années qui ont suivi cette séparation sans qu'il soit intervenu aucune réconciliation.

Il y a du reste une autre raison pratique qui explique pourquoi, dans notre hypothèse, le législateur a rejeté la présence nécessaire du demandeur. Dans le procès en divorce, le demandeur agit devant son propre tribunal qui est en même temps celui de son adversaire. Dans la conversion, les deux époux pouvant avoir des domiciles distincts le demandeur obligé de suivre le défendeur devant son propre tribunal, sera souvent tenu de plaider devant une juridiction fort éloignée, et en conséquence sa présence nécessaire eût entraîné pour lui une gêne considérable, quelquefois l'impossibilité d'user d'un droit accordé par la loi.

On conçoit du reste la présence nécessaire du demandeur quand le président du tribunal, comme en matière de divorce, peut faire des remontrances aux deux époux, peut les citer à comparaître l'un et l'autre devant lui pour opérer un rapprochement. Mais cette faculté qui est accordée au Président en matière de divorce par l'article 238, qui n'est que la suite et le complément nécessaire de l'article 236, nous ne pouvons la lui reconnaître dans notre matière où la procédure a été simplifiée et doit être rapide, comme le dit le rapporteur de la loi. « S'il n'en est pas ainsi, a-t-on dit, que fera le président. Ou il donnera toujours son autorisation, et alors son rôle est purement mécanique, ou il appréciera sommairement les conditions de la recevabilité de l'action mais alors un recours au tribunal étant toujours ouvert contre sa décision, on ne fait que compliquer la procédure au lieu de la simplifier. » (Saint-Marc, *Revue critique*, 1885, p. 235).

Nous ne verrions pas, en effet, un grand inconvénient à la suppression de cette disposition. Cependant l'inutilité pratique d'une formalité ne nous permet ni de l'abroger nous-même, ni d'en tirer une conséquence qui serait manifestement contraire aux textes et à la volonté du législateur. Ce n'est du reste pas le seul cas dans lequel une assignation ne peut être lancée sans une autorisation du président du tribunal, et où cette formalité n'aura pas un effet pratique plus considérable (1). Du reste il n'est pas vrai de dire que la nécessité d'une requête n'arrêtera aucune demande en divorce. Elle pourra arrêter en fait, sinon en droit,

1. C'est ainsi que « la femme qui voudra se faire autoriser à la poursuite de ses droits, après avoir fait une sommation à son mari, et sur le refus par lui fait, présentera requête au président, qui rendra une ordonnance portant permission de citer le mari à jour indiqué, à la chambre du conseil, pour déduire les causes de son refus. (Art. 861, C. pr. civ.). Enlevez la nomination du juge rapporteur et la communication au ministère public dans l'article 310 et ces deux dispositions sont absolument les mêmes. Ce n'est pas sans intention que nous citons cet exemple parce que dans le cours de la discussion à laquelle a donné lieu cette disposition, on a souvent pris comme terme de comparaison le cas où il s'agit pour une femme mariée d'obtenir l'autorisation de justice. On a vu dans ces deux procédures une certaine analogie que nous pouvons invoquer.

plus d'une demande en conversion, formée dans des cas dans lesquels les conditions légales ne sont point toutes réunies.

La requête sera suivie d'une ordonnance permettant d'assigner, et qui, en même temps, nommera le juge rapporteur, et ordonnera la communication au ministère public, communication qui, du reste, est de droit, puisqu'il s'agit d'une question intéressant l'état des personnes. Enfin cette ordonnance fixe le jour de la comparution des parties devant le tribunal. Le président doit fixer un jour suffisamment éloigné pour que le demandeur puisse donner assignation à son conjoint et que celui-ci ait encore les délais légaux de huitaine franche, augmentée à raison des distances.

Il y aura débat devant le tribunal, et par conséquent le conjoint contre lequel la conversion est demandée doit être averti.

Le projet parlait d'une citation. On y substitua le mot assignation sur les observations de M. Béranger. Ce sénateur craignait que le mot citation fît croire qu'on avait l'intention de supprimer le ministère de l'avoué. Ce changement n'a aucune conséquence pratique, on avait accepté le mot citation les yeux fermés, on le remplaça sans aucune opposition.

A la suite de cette assignation et au jour fixé par

le président du tribunal, les deux parties doivent comparaître. Doit-il y avoir comparution personnelle ou bien doit-il y avoir constitution d'avoué ?

En ce qui concerne la comparution personnelle, elle ne ▸peut être obligatoire que pour le demandeur, puisque c'est uniquement la présence personnelle du demandeur qui est exigée dans les procès en divorce. Nous pensons que dans la procédure en conversion cette présence n'est pas nécessaire. Suivant nous, c'est la procédure ordinaire qu'il faut suivre, procédure par avoué, sauf qu'on supprime les délais des requêtes et répliques. Nous pouvons, du reste, ici invoquer l'autorité du rapporteur déclarant à plusieurs reprises que « les parties pourront se faire représenter par avoués et avocats » (Séance du 24 juin 1884).

Aussi croyons-nous que si les parties se présentaient en personne sans l'assistance d'un avoué, il y aurait lieu de rendre contre elle un jugement par défaut. « Attendu que la constitution d'avoué est obligatoire et suffisante pour toute partie ajournée devant les tribunaux de première instance, à moins que la loi ou une décision du juge n'en aient décidé autrement ; que cette prescription légale a d'inappréciables avantages, et est une garantie de bonne administration de la justice ; — qu'en matière de conversion de séparation de corps en divorce, au-

cune exception n'est faite à l'obligation imposée aux
parties plaidantes de constituer avoué ; qu'on n'a-
perçoit pas du reste l'avantage d'une pareille exception ; — Attendu que sans doute dans la procédure
relative à des demandes de divorce principales, le
ministère de l'avoué n'est pas obligatoire dès l'introduction de ces demandes ; mais que si le législateur a reculé à une époque ultérieure cette obligation ; si même il a exigé la présence en personne
de la partie demanderesse à tous les actes de la
procédure, c'est, d'une part, qu'il importe que le
demandeur affirme, à chaque instant, sa résolution
obstinée de persister dans sa demande, et, d'autre
part, qu'il importe au moins d'isoler en quelque
sorte jusqu'à ce moment les parties, et de permettre ainsi au juge conciliateur, en les mettant à l'abri
de toute influence étrangère, de leur adresser, avec
plus de chances de succès, les représentations qu'il
croira devoir leur faire ; — Qu'aucune de ces considérations ne peut être invoquée, lorsque, au lieu
d'une demande en divorce nouvelle, il ne s'agit plus
que d'une demande en conversion, venant après un
long temps écoulé, d'anciennes et de vaines tenta-
tives de conciliation d'un procès de séparation, de
sa nature irritant, et quand tout espoir de réconciliation semble à peu près disparu » (Marseille, 21
novembre 1884).

Du reste, n'est-ce pas dans la crainte que le mot citation ne fit croire que dans la procédure, il n'y aurait pas d'avoué que le mot assignation a été substitué au terme primitif?

Quand les parties se présentent devant le tribunal, ce n'est pas en audience publique, mais dans la chambre du conseil. Quelle est la nature du débat qui aura lieu dans cette chambre? Aura-t-il lieu seulement entre les parties ou leurs avoués, qui présenteront de simples observations, ou bien pourra-t-on faire entendre des avocats qui développeront les conclusions des parties, comme cela pourrait se faire en audience publique? Pour soutenir le premier système, on avait invoqué devant le Sénat la nature de juridiction officieuse qui appartient à la chambre du conseil. M. Denormandie répondit : « La juridiction de la chambre du conseil, comme on l'entend d'une façon générale, est une juridiction officieuse, c'est une juridiction gracieuse..... Mais la chambre du conseil possède une autre juridiction. Elle connaît d'affaires qui se débattent contradictoirement devant elle, avec le ministère public présent. Je fais allusion, par exemple, aux affaires d'autorisation.

« Il y a plaidoiries tous les jours? Et pourquoi y a-t-il plaidoiries? Pourquoi y a-t-il débat? Parce que, dans ces affaires d'autorisation, il y a des contestations. Souvent le mari conteste à la femme, dont il est séparé, l'usage le plus normal, le plus régulier, le plus légitime, l'usage des droits qu'elle a repris par suite du jugement de séparation : dès lors, il faut bien qu'il y ait un juge ; et il faut bien que de part et d'autre les parties soient assorties. Et comme précisément il s'agit de choses tout à fait intimes, de raisons secrètes, de dissentiments qui ne doivent voir le jour à aucun prix, qui ne doivent pas être débattues en audience, ni subir la curiosité malsaine du public, ces affaires se discutent en chambre du conseil, contradictoirement par des conseils de part et d'autre.

« Seulement comme il faut rendre hommage à la loi, le tribunal rentre ensuite à l'audience.

« Qu'avons-nous fait, messieurs ? Nous nous sommes inspirés de tout ce qu'il y a de bon, de sage dans cette manière de procéder, et nous plaçant au point de vue des époux et de leur famille, nous avons dit : le second débat aura lieu en chambre du conseil » (Sénat, séance du 24 juin 1884).

Le jugement est rendu après ces débats, soit immédiatement, soit à une audience ultérieure, mais toujours en audience publique et suivant la forme ordinaire des jugements.

En résumé, cette procédure est la procédure ordinaire dispensée du préliminaire de conciliation, avec des complications d'un côté, des simplifications de l'autre. Complication puisqu'il faut une ordonnance du président pour commencer l'instance, et un rapport d'un des juges avant de statuer ; simplification en ce sens que, comme en matière sommaire, il n'y aura ni requête du défendeur, ni réplique du demandeur. Tous les débats auront lieu, sauf ce qui vient d'être dit, dans la forme ordinaire, les parties étant représentées par des avoués, et défendues par des avocats. Seulement tout cela se passera dans la chambre du conseil ; le public ne sera admis qu'à entendre la lecture du jugement pour lequel la publicité est nécessaire.

Cette procédure doit-elle être suivie. Cette procédure doit-elle être suivie dans tous les cas de conversion, même quand la séparation a été prononcée à la suite d'une condamnation à une peine afflictive et infamante ? La difficulté provient de ce que, dans ce cas, on ne conçoit guère la possibilité d'un débat. C'est ce qui est indiqué par l'article 261, puisque cet article énumérant les formalités à remplir pour obtenir le divorce par voie principale, ne parle que de la présentation au tribunal d'une expédition du jugement de condamnation, de telle sorte que des tribunaux en ont conclu qu'il n'était point nécessaire d'appeler l'adversaire en cause. Comment exiger pour la conversion une formalité jugée inutile

pour la demande de divorce par voie principale? Néanmoins, nous croyons; avec M. Carpentier, que «cette
procédure (de l'article 310) devra être suivie sans aucune distinction entre les différents cas de conversion, et que les débats devront être reçus, alors
même qu'il ne s'agirait que de représenter l'expédition d'un jugement de condamnation à une peine
afflictive et infamante. » (Du Divorce, p. 315).

Le débat sera loin d'être inutile. Ne peut-il pas,
en effet, y avoir eu réconciliation des époux, et la
réconciliation ne met-elle point fin à la séparation
de corps, et, par conséquent, au droit de demander
la conversion en divorce. La Cour d'Angers prétend
qu'on ne peut tirer un argument du droit que l'article 272 donne à l'époux défendeur d'invoquer l'exception de réconciliation, car la réconciliation suppose un fait injurieux, tandis que le condamné que
vise l'article 261 n'est qu'un infâme. Oui, mais c'est
parce que cette infamie a été considérée comme
rendant la vie commune trop pénible au conjoint
de l'infâme, que la loi lui permet de demander la
séparation de corps et le divorce. Si donc, le conjoint n'a point considéré ainsi la condamnation qui
frappe son époux, si même après avoir obtenu la séparation de corps, une femme avait pardonné à son
mari, s'était réunie à lui et avait repris la vie commune comme avant la condamnation, comment

pourrait-on permettre à cette femme de demander la conversion de la séparation de corps en divorce ?

Le tribunal de Marseille a donné dans ce cas à l'époux demandeur en conversion le choix entre la procédure de l'article 310 et celle de l'art. 261. Nous ne pensons pas devoir nous rallier à cette doctrine. Quand la séparation a été prononcée, il nous semble qu'elle a fait, en quelque sorte, disparaître les faits sur lesquels elle s'appuie, et qui ont ainsi produit les conséquences qu'elles étaient susceptibles de produire. La jurisprudence du tribunal de Marseille nous paraît reposer sur cette base erronée qu'il serait possible à celui qui a obtenu la séparation, de faire abstraction du jugement et de demander le divorce par voie principale. Nous avons repoussé cette doctrine et nous ne reviendrons pas sur la réfutation que nous en avons faite.

SECTION II.

Quelle est, au point de vue de la procédure, l'influence soit d'une demande reconventionnelle, soit de faits nouveaux invoqués par l'un ou l'autre des époux ?

Nous avons supposé le cas le plus simple et le plus fréquent : celui d'une demande faite par un époux contre son conjoint, en vertu seulement d'un jugement de séparation de corps sans qu'aucun fait nouveau soit intervenu.

La question en pratique sera souvent plus compliqué. Au lieu d'un seul demandeur en conversion, nous pouvons en avoir deux. Au lieu de supposer qu'aucun fait nouveau n'est intervenu, il peut arriver que des faits postérieurs au jugement de séparation viennent compliquer la situation et modifier la conviction des juges sur plusieurs points. Quelles sont les complications que feront surgir ces différentes circonstances ?

1° *Demandes reconventionnelles.* — La demande reconventionnelle peut se présenter sans mélange de faits nouveaux, dans ce cas en quelle forme doit elle être faite par l'époux défendeur en conversion. Les tribunaux de Nevers et d'Arras, par des jugements en date des 13 août et 24 décembre 1884, ont décidé que l'époux défendeur peut se porter reconventionnellement demandeur en conversion, par de simples conclusions d'avoué, dans la forme indiquée par l'art. 337 du Code de procédure civile. Il ont considéré cette demande comme un incident de l'instance principale. Le tribunal de Sens, dans un jugement du 4 décembre 1884, décide, au contraire, qu'il faut recourir aux formalités de l'article 310 du Code civil : « Attendu que les règles générales de procédure ne sont pas applicables à la matière du divorce (art. 881, C. pr. civ.); qu'à cet égard il doit être procédé comme il est dit au Code civil ; — Attendu que si la procédure, au cas de demande en conversion d'un jugement de séparation, est plus simple et plus rapide qu'au cas de procédure principale du divorce, cela tient uniquement à ce qu'il s'agit d'apprécier à un nouveau point de vue des faits déjà connus de la justice, mais que la demande en conversion n'en constitue pas moins une véritable action en divorce; que la demande reconventionnelle de la dame P... ne pouvait donc pas être formée par un simple acte, conformément à l'article 337, C. pr. civ., mais en observant les formes spéciales de l'article 310 du Code civil. »

Nous ne saurions admettre ce système qui n'est que l'application d'une théorie que nous avons déjà combattue. Mais dans cette hypothèse, l'erreur nous paraît plus particulièrement facile à démontrer. L'art. 881 du Code de procédure ne peut renvoyer au Code civil en ce qui concerne notre question, attendu que quand il a été rédigé, elle ne pouvait s'élever; de plus, l'article 310 du Code civil prévoit une demande de conversion introductive d'instance, et non les demandes reconventionnelles. A quoi du reste servirait une requête au président quand une demande en divorce est déjà pendante et va être jugée. Elle serait inutile et de plus dangereuse; les frais en seraient frustratoires.

Nous avons supposé les deux demandes portées devant le même tribunal, mais il pourrait se faire que les époux ayant chacun un domicile distinct, l'un et l'autre, au bout de trois ans de séparation, adressent au président de chacun des tribunaux compétents, une requête à fin de divorce. Dans ce cas, les deux juridictions sont régulièrement saisies ; mais comme il s'agit d'une seule et même question à juger, il y aura lieu de renvoyer l'affaire, devant le tribunal qui a été le premier saisi.

Il peut arriver que l'époux défendeur à la conversion, au lieu de former lui-même une demande reconventionnelle, forme une véritable demande en divorce. Dans ce cas, quelle sera la procédure à suivre? Pour qu'il y ait demande en divorce, il faut qu'il s'agisse de faits qui n'ont pas encore été soumis à la justice lors du jugement de séparation, par conséquent, nous allons revenir sur ce point en étudiant le second paragraphe de cette section.

2° *Influence des faits nouveaux sur la procédure*. Il est évident que si l'époux qui invoque les faits nouveaux fait abstraction de la séparation de corps qui a été prononcée et demande le divorce, avant l'expiration d'un délai de trois ans, il devra recourir à la procédure des articles 234 et suivants.

Mais il s'agit d'un époux qui, tout en demandant la conversion, invoque en même temps un fait survenu depuis la séparation de corps. Cet époux peut avoir un grand intérêt à le faire. Si c'est le demandeur, il pourra, dans l'opinion qui donne au juge un pouvoir discrétionnaire absolu, trouver de nouvelles raisons de faire prononcer le divorce. Dans toute opinion, du reste, il pourra arriver que les effets produits par le fait nouveau soient plus considérables, par exemple, si un époux séparé a été condamné pour adultère. Mais c'est surtout le défendeur primitif qui aura intérêt à invoquer les faits nouveaux, et obtenir par eux le divorce afin de prononcer contre son conjoint la révocation des libéralités qu'il aurait pu consentir.

Le demandeur en conversion, qui invoque des faits nouveaux à l'appui de sa demande, pourra-t-il suivre la procédure de faveur de l'article 310, ou bien devra-t-il demander le divorce par voie principale ? Nous adoptons sans hésiter le dernier parti. Sur quel motif est basé l'article 310 ? Sur ce que les faits sur lesquels s'appuie la demande ayant déjà fait l'objet d'un débat lors du procès en séparation, il n'est aucunement désirable que ce débat soit renouvelé. Est-ce qu'il en est ainsi dans notre hypothèse ? Les faits ont ils été déjà appréciés ? Non puisqu'on invoque les faits nouveaux postérieurs au jugement de séparation. Où donc les juges prendront-ils leurs éléments d'appréciation ? Dans une enquête ? Mais

l'article 310 ne semble-t-il pas absolument étranger à cette espèce d'enquête, qu'il va falloir faire,
et dont le titre du divorce règlemente soigneuse-
ment tous les détails.

Agir ainsi, dit-on, c'est assimiler celui qui a déjà
obtenu la séparation à celui qui se présente devant
la justice pour la première fois, et ne peut invoquer
le préjugé qui existe en faveur du premier. Nous
l'avouons, mais nous ne pouvons faire autrement
sans l'assimiler à celui qui n'invoquè que les faits
anciens et déjà discutés, ce qui nous paraît impossible; le demandeur se place dans la même situation
que celui qui se présente pour la première fois devant la justice invoquant des faits dont la justice
n'a pas encore eu à connaître.

Qu'on ne dise pas que nous lui faisons perdre le
bénéfice du jugement qu'il a obtenu, du préjugé qui
existe en sa faveur. Nous lui répondrons, avec
M. Carpentier : « Mais que ne se tient-il à ce préjugé? Il est maître de son choix, qu'il en use au
mieux de ses intérêts. » C'est la solution qu'il faut
évidemment admettre dans le cas des articles 266
et 273, quand la séparation a été effacée par la réconciliation. Là, comme dans notre hypothèse, on
invoque le secours de faits nouveaux pour compléter
des faits anciens, pour les vivifier, leur faire produire un effet qu'ils ne peuvent produire par eux-

mêmes. Dans les deux hypothèses, donc il y a une demande vraiment nouvelle, et non pas seulement un incident de la procédure en conversion.

Nous donnerons évidemment la même solution, quand ce sera le défendeur à la conversion, défendeur déjà à la séparation, qui invoquera des faits, nouveaux pour faire prononcer le divorce contre le demandeur. Cette action dépasse les bornes d'une demande reconventionnelle dans la procédure de conversion, c'est une action absolument nouvelle. Mais il convient de ne pas empêcher le défendeur, en le forçant à recourir à la procédure longue et compliquée du divorce, de bénéficier de ces faits qui permettent de prononcer le divorce en sa faveur, et qui lui feront obtenir certains avantages pécuniaires. Aussi le tribunal, tout en repoussant sa demande, devra-t-il surseoir à statuer sur la demande principale jusqu'à ce que le défendeur ait pu faire statuer sur sa demande en divorce. « Attendu néanmoins, dit le tribunal de Toulouse, que si les faits articulés par F... étaient établis, la preuve de ces faits serait de nature à exercer une influence sur le sort de la demande de la dame F..., que cette preuve n'est point, quand à présent, suffisamment rapportée ; mais qu'il convient de surseoir à statuer sur la dite demande jusqu'à ce que l'instance en divorce du sieur F... ait été jugée, en impartissant à ce dernier un délai pour l'intenter ; — Que ce sursis doit être d'autant mieux ordonné, que le divorce immédiatement prononcé à la requête de la dame F... aurait pour conséquence d'empêcher son mari de l'obtenir ultérieurement à son profit, et de lui en enlever les avantages au cas où les griefs qu'il invoque seraient fondés. » (Jugement du 1er décembre 1884).

Il peut se faire que celui qui demande le divorce pour faits postérieurs à la séparation, la demande avant que son conjoint ait lui-même intenté l'action en conversion. Dans ce cas quand ce dernier se présentera devant la justice, sans doute sa demande sera recevable ; mais sur la réquisition du demandeur en divorce, les juges devront, comme dans l'hypothèse précédente, et pour les mêmes raisons, surseoir à statuer.

Faut-il conclure de tout ce qui précède que jamais ni le demandeur, ni le défendeur en conversion ne pourrait invoquer à l'appui de leur prétention des faits qui se seront produits depuis le jugement de séparation ? Ce serait une conclusion exagérée. Il peut arriver que ces faits constituent pour le demandeur en conversion un moyen de défense qui permettra aux juges, en vertu du pouvoir discrétionnaire qui leur appartient, de repousser le divorce. C'est ainsi qu'il a été jugé, et nous avons déjà approuvé cette jurisprudence, que si celui contre lequel la séparation a été prononcée, continue à vivre en concubinage, les juges lui refuseront la conversion. Dans ce cas, il faudra que le défendeur fasse la preuve des faits d'adultère commis postérieurement à la séparation et la preuve ne pourra être faite, souvent, que par le moyen d'une enquête.

Dans quelle forme aura lieu cette enquête ! Il ne peut être, suivant nous, question de la procédure organisée par les articles 247 et suivants du Code civil ; nous avons repoussé d'une façon générale l'extension du chapitre II du divorce à la conversion. Comment en particulier peut-il être question d'une procédure d'enquête aussi longue et compliquée, dans une procédure que l'article 310 a voulu rendre simple et rapide. Nous ne pouvons non plus admettre, pour cette dernière raison, les règles du titre des enquêtes au Code de procédure civile. Nous appliquerons donc les articles 407 à 413 du même code, relatifs aux affaires sommaires. L'article 310 du Code civil n'indique-t-il pas que l'affaire requiert célérité, la procédure de cet article qui supprime les requêtes et repliques, ne semble-t-elle pas calquée sur celle des affaires sommaires. « Attendu, dit un jugement du tribunal civil de la Seine, que le tri-, bunal trouve par analogie les règles qui semblent pouvoir être suivies dans l'espèce, dans les articles

404 et suivants du Code de procédure civile en matière d'enquête dans les affaires sommaires ; qu'il y
a lieu de s'y conformer ; que cependant le débat des
affaires de conversion devant, aux termes de l'article
310 nouveau du Code civil, avoir lieu en chambre
du conseil, il y a lieu de dire que l'enquête à laquelle il sera procédé aura lieu en chambre du conseil ». (Trib. civ. de la Seine, 4 déc. 1884).

Un arrêt de la Cour de Dijon du 25 juin 1885 pose
en principe qu'il faudra recourir aux règles du divorce pour les enquêtes. Mais dans l'affaire il s'agissait de prouver des faits nouveaux, venant à l'appui
de la demande en divorce. Il n'est donc pas étonnant que la Cour, admettant dans un procès en
conversion une question qui devrait être l'objet
d'une demande principale en divorce, suive les règles
du titre du divorce sur les enquêtes.

SECTION III.

Des mesures provisoires qui peuvent être prises en ma-
tière de conversion.

La loi relative aux mesures provisoires à prendre
dans les instances en divorce aura très rarement lieu
de recevoir son application. Quand une demande en
divorce est fournie, les deux époux ont même domi-

cile et même résidence, leurs intérêts pécuniaires sont plus ou moins confondus ; les enfants ne sont point remis à la garde de l'un des parents, mais sont sous la puissance paternelle du père et de la mère, sous la haute autorité du père ; la femme, souvent, n'ayant point l'administration de sa fortune, elle n'a aucune ressource pour faire face aux frais du procès et subsister pendant l'instance ; de plus elle peut craindre les dilapidations commises par son mari.

. Au contraire, lors de la demande en conversion, les deux époux ont un domicile et une résidence séparés, il ne pourra donc être question d'autoriser la femme à se retirer en dehors du domicile commun. Les intérêts communs que les époux ont pu avoir ont été liquidés ; la femme a repris l'administration de son patrimoine, elle ne peut donc plus craindre les actes de gestion frauduleuse de la part de son mari, elle n'aura donc point à recourir aux articles 270 et 271 du Code civil. Elle n'aura même pas, en principe, à demander à son mari une pension alimentaire ou une provision *ad litem* ; quant aux enfants, leur situation a déjà été réglée par le jugement de séparation de corps.

Cependant, pour ces deux dernières déductions, si elles sont vraies en principe, elles ne sont peut-être pas absolues. La séparation de corps ne met

point fin au mariage, et par conséquent nous pourrons voir surgir la question de pension alimentaire
et de provision *ad litem*. Enfin, la situation des enfants réglée par le jugement de séparation n'est pas
définitive, elle peut donner lieu à des modifications,
ces changements pourraient-ils faire l'objet d'une
demande provisoire ?

En ce qui concerne la pension alimentaire fixée
soit par le jugement de séparation, soit par un jugement postérieur, nous dirons avec le tribunal de
Marseille « que, sans doute, les parties sont en droit
de saisir le tribunal de ces différends (dans l'espèce,
réduction à moitié de la pension alimentaire) par
voie principale, mais qu'ils ne sauraient en faire un
de la présente demande en conversion, le tribunal
de céans étant saisi par cette demande uniquement
du point de savoir si le jugement de séparation du
14 février 1884 doit être converti en jugement de
divorce, et n'ayant point autorité pour statuer sur
les dispositions accessoires de cette décision, et les
réviser » (Trib. de Marseille, 21 novembre 1884).

Nous dirons en principe la même chose en ce qui
concerne la garde des enfants. Les dispositions du
jugement de séparation peuvent être révisées, mais
à la suite d'une demande nouvelle et indépendante
de la question de conversion. Il n'y a point, à proprement parler, de mesures provisoires à prendre.

Si dans les deux hypothèses précédentes, il n'y a point à proprement parler de mesures provisoires à prendre parce que la demande ne donne point naissance, à ce point de vue, à un état de fait nouveau qui doit cesser avec le jugement, il n'en saurait être de même de la provision *ad litem*. Née du procès même, devant s'éteindre avec lui, l'obligation de supporter des charges assez considérable peut donner lieu de la part de l'un des époux à une demande provisoire à l'encontre de son conjoint. Il est vrai que la base ordinaire du droit à la provision *ad litem*, l'administration des biens personnels de la femme par le mari, n'existe pas ici. Mais le droit à la provision *ad litem* a une autre source, qui sert de base à un arrêt de la Cour de Paris en date du 18 juillet 1885. Les époux se doivent assistance tant que dure le mariage, et cette obligation n'est pas éteinte par la séparation de corps. « Attendu que la femme C... n'a d'autres ressources que la pension que lui sert son mari ; — que ces ressources sont insuffisantes pour défendre à l'action en divorce dont la Cour est saisie ; — qu'il y a donc lieu de forcer le mari à l'accroître dans une mesure raisonnable et pour l'objet spécial qui les rend nécessaires. »

Ces raisons indiquent suffisamment que le mari pourrait demander cette provision à sa femme ; et que l'un ou l'autre des époux pourrait la demander son conjoint dans le but même de poursuivre la demande en conversion.

SECTION IV.

Voies de recours contre les jugements.

Dans la procédure ordinaire, deux voies sont ouvertes pour recourir contre un jugement : l'opposition si le jugement est par défaut; l'appel, s'il est contradictoire. Quelques mots sont nécessaires sur chacune de ces deux voies.

1° *Opposition.* — Cette voie, qui est admise certainement contre les arrêts rendus par défaut, l'est-elle également contre les jugements de conversion ? La raison d'être de la difficulté est dans la procédure relative au divorce qui n'admet point l'opposition contre un jugement de divorce rendu par défaut. Mais pour nous qui avons admis que la procédure à suivre en cas de silence ou d'ambiguïté de l'article 310 est la procédure ordinaire et non point la procédure des articles 236 et suivants, la même solution ne paraît plus s'imposer.

Nous admettons bien avec la jurisprudence qu'en matière de divorce principal, puisque le délai d'appel court toujours du jour de la signification, que la décision soit contradictoire ou par défaut, c'est que la loi n'admet pas d'opposition contre les jugements par défaut. Nous croyons que cette déduction est encore rendue plus certaine par l'article 265 du Code civil, qui, parlant des arrêts, admet au contraire l'opposition, puisque quand un arrêt par défaut prononce le divorce, le délai pour se présenter devant l'officier de l'état civil, commence à courir seulement à l'expiration du délai d'opposition. Il est de toute évidence que ces dispositions, calquées sur l'ordonnance de 1667, n'avaient point été abrogées par le Code de procédure civile, et que de plus elles ont été rétablies par la loi du 27 juillet 1884.

« Attendu que si le législateur de 1884 avait entendu ramener à la règle générale les jugements rendus par défaut en cette matière, ou s'il avait estimé qu'ils y eussent été ramenés par une loi antérieure, il n'eût pas laissé subsister les deux articles susvisés dans leur rédaction définitive » (Trib. civ. de la Seine, 10 décembre 1884).

Nous admettons comme justes toutes les considérations précédentes, et nous pensons que le législateur a eu tort de laisser subsister les vestiges d'une procédure ancienne. Nous croyons qu'il aurait mieux valu mettre le Code civil d'accord avec les règles générales de la procédure, et nous exprimons un regret en constatant la législation. Seulement nous pensons que ces dispositions ne s'appliquent pas à la conversion de la séparation de corps en divorce.

Les articles 263 et 265 se réfèrent évidemment à la procédure des articles 234 et suivants. Elles ne se réfèrent pas à la procédure nouvelle établie par la loi du 27 juillet 1884 dans l'article 310. Et puisque nous avons posé en principe que cet article doit être complété par la procédure ordinaire, il nous faut admettre l'opposition.

Reste l'objection tirée de la détermination du délai avant lequel l'officier de l'état civil ne peut prononcer le divorce. Cette objection n'est qu'apparente. La loi, en réalité, déclare que tant qu'il y a une voie de recours ordinaire ouverte, ou même un pourvoi en cassation possible, le divorce ne pourra être prononcé. L'article 265 n'est que l'application de ce principe à la procédure qui avait été exposée dans les articles précédents. Dans notre hypothèse, nous appliquerons aussi le même principe en tenant compte toutefois de la possibilité d'une opposition.

2° *Appel*. — L'appel est toujours possible dans les jugements relatifs au divorce, puisqu'ils intéressent l'état des personnes. Mais quelle sera la procédure à suivre? Y aura-t-il désignation d'un magistrat rapporteur, débat en chambre du conseil, etc.? La réponse est simple : on devra suivre la procédure établie par l'article 310 à propos des tri-

bunaux de première instance. Cela résulte d'une
réponse faite par le rapporteur à une question posée par M. de Marcère : « La procédure exception-
nelle qui vient d'être votée par le Sénat, dit M. de
Marcère, est contraire à la procédure civile devant
la chambre du conseil en première instance. Je dois
dire que j'approuve absolument cette procédure.
Mais il me paraît nécessaire qu'il soit déclaré par
le rapporteur que cette même procédure sera suivie
également devant la Cour, en cas d'appel. »

« La question, répond le rapporteur, a été examinée dans le sein de la commission et résolue dans
le sens de M. de Marcère. Nous ne l'avons pas insé-
rée dans le texte, parce qu'elle nous a paru absolument inutile » (Sénat, séance du 24 juin 1884).

Cette procédure simple aura-t-elle lieu en audience solennelle, ou devant une des chambres de
la Cour d'appel. La question a été controversée.
Certaines cours ne voyant que la question d'état,
pensaient qu'une audience solennelle était nécessaire. D'autres voyaient dans notre hypothèse une
question qui réclame célérité, et dispensée, en vertu du décret du 30 mars 1808, à ce titre, d'une audience solennelle. Elles voyaient dans la nécessité
des débats en chambre du conseil une prescription
légale incompatible avec la procédure en audience
solennelle. Cette question a perdu toute importance

depuis le décret du 30 avril 1885, aux termes duquel « l'art. 22 du décret réglementaire du 30 mars 1808 est modifié en ce qui touche les appels relatifs aux instances en divorce ; les appels de ces instances seront, à l'avenir, jugés en audience ordinaire. »

Nous ne pouvons nous empêcher en terminant ce chapitre relatif à la procédure de nous demander si, en cas où les tribunaux rejeteraient la demande en conversion, on pourrait plus tard revenir sur cette question et demander le divorce sans porter atteinte à l'autorité de la chose jugée. Les tribunaux ont un pouvoir discrétionnaire, et peuvent refuser prononcer le divorce en se basant uniquement sur ce qu'un rapprochement entre les époux est possible ou du moins n'est pas encore désespéré. Dans cette théorie, il nous paraît que le tribunal pourrait, lors d'une seconde demande formée par la même partie, prononcer le divorce. Le tribunal, en effet, n'a pas jugé que le divorce ne devait pas du tout être prononcé, mais qu'en l'état, il n'y avait pas lieu de le prononcer.

Mais quel intervalle doit-il y avoir entre les deux demandes ? La loi est muette à ce sujet et nous ne pouvons y suppléer. Peut-être pourrait-on dire avec M. Saint-Marc, que le tribunal, en rejetant la demande, pourrait la rejeter *ad tempus*, fixant ainsi lui-même le délai avant lequel, selon lui, tout espoir de reconciliation ne peut être perdu. Nous, avons supposé le cas où la demande avait été formée par la même personne qui avait déjà intenté la première action en conversion. Il nous semble en effet, qu'il ne pourrait y avoir aucune difficulté pour son conjoint. De ce que le tribunal a jugé, en vertu de son pouvoir discrétionnaire, que l'un des époux n'a pas le droit d'obtenir la conversion, il n'a aucunement jugé que l'autre ne l'avait point. Telle est la théorie que nous croyons devoir adopter si on admet le système que nous avons exposé, en étudiant le pouvoir discrétionnaire du magistrat. Si au contraire, on fait reposer ce pouvoir sur le principe que des faits suffisants pour motiver la séparation de corps peuvent n'être pas suffisants pour motiver le divorce, il nous semble qu'une solution différente doit être admise. Le tribunal ayant jugé, en refusant la conversion que les faits invoqués ne sont pas de nature à entraîner le divorce, ce serait aller contre la chose jugée que demander la conversion, tant qu'il ne se sera produit de nouveaux faits; et alors même ce serait, non plus la procédure en conversion qu'il faudrait suivre, mais bien la procédure en divorce.

Frais. — Toute procédure entraîne des frais assez considérables qu'il importe de liquider quand le pro-

cès est terminé. Qui devra supporter les dépens ?
En principe, la partie qui succombe est celle qui
doit payer les frais du procès. Cependant il semble
que cette règle ici soit injuste quand c'est le défendeur à la séparation qui demande la conversion.
C'est lui qui est coupable ; c'est lui par conséquent
qui succombe jusqu'à un certain point. Aussi la jurisprudence met-elle les dépens à sa charge.

Quelques tribunaux, appréciant les circonstances
et s'appuyant sur l'article 131 du Code de procédure civile, les a compensés entre les deux conjoints.

CHAPITRE III

EFFETS DE LA CONVERSION DE LA SÉPARATION DE CORPS
EN DIVORCE

Quels que soient les motifs pour lesquels le divorce a été substitué à la séparation de corps, quelles que soient les procédures suivies, cette substitution entraîne avec elle des effets considérables qu'il importe de bien déterminer. Ces effets dérivent de ce double principe : la séparation de corps ne met point fin à l'union matrimoniale, elle ne fait que relâcher le lien qui continue à unir les deux époux; le divorce, au contraire, comme la mort, rompt ce lien, dissout le mariage.

Cette rupture du lien conjugal produit des effets, au point de vue des rapports des époux entre eux, soit en ce qui concerne la personne, soit en ce qui concerne les biens, et dans les rapports des époux avec les enfants nés ou à naître de la femme.

Avant d'entrer dans les détails, il nous faut indiquer le moment précis à partir duquel ces effets seront produits. La procédure du divorce a été suivie, aucune voie de recours n'est plus ouverte et cependant le divorce n'existe pas encore. De même que le mariage ne peut être valablement contracté que devant l'officier de l'état-civil ; de même ce lien ne sera rompu que par une déclaration reçue par ce même magistrat et inscrite sur les actes de l'état-civil. Tant que cette déclaration n'est pas faite, les époux ne sont point divorcés, et même, si les époux laissent passer un délai de deux mois à partir du moment où la décision est devenue définitive, ils ne pourront plus invoquer le divorce, dont la cause avait cependant été reconnue existante. Donc aucun effet du divorce ne peut être produit avant cette déclaration, puisque cette déclaration seule donne existence légale au divorce. Nous n'avons pas ici à nous demander quel est l'officier de l'état-civil compétent ; c'est une question qui rentre dans l'étude générale du divorce.

SECTION I.

*Effets de la conversion dans les rapports des époux
entre eux.*

§ I. — *Rapports personnels.* — Avant d'analyser les changements amenés à l'état de fait antérieur par la substitution du divorce à la séparation de corps, il est indispensable de tracer aussi brièvement que possible la situation de deux époux séparés de corps, mais non divorcés.

Le mariage subsistant après la séparation, il est de toute évidence que les deux époux ne peuvent contracter un nouveau mariage, sans encourir les peines de la bigamie. Pour beaucoup de personnes qui ne sont pas versées dans la science juridique, la possibilité de contracter un nouveau mariage est la seule utilité de la substitution du divorce à la séparation de corps et de biens. C'est là une erreur dont la démonstration résultera des quelques développements que nous donnerons plus loin.

Même après la séparation de corps, les deux époux se doivent mutuellement fidélité, et la femme qui manquerait à ce devoir pourrait être poursuivie conformément à l'article 337 du Code pénal punissant l'adultère.

Il ne saurait en être de même pour le mari, non pas qu'il soit délié du devoir de fidélité, mais parce que le domicile commun n'existant plus, il ne peut être question d'entretien d'une concubine au domicile conjugal. Mais nous avons vu que l'adultère du mari étant une cause de divorce, permettrait à la femme séparée de corps de faire prononcer le divorce contre son mari, même avant le délai de trois

ans, et cette prononciation entraînerait des conséquences graves au point de vue des déchéances pécuniaires des articles 299 et 300 du Code civil.

Après le divorce, aucun devoir ne saurait subsister et l'inconduite de l'un ou l'autre des deux époux
ne saurait plus entraîner aucune déchéance ni pénale, ni pécuniaire. Les effets produits par le divorce sont définitifs et ne sauraient plus être modi-
fiés par des faits postérieurs.

Quant aux devoirs de secours et d'assistance, le
divorce modifie le premier, et nous aurons à revenir sur ce point ; il ne laisse pas subsister le second.
Est-ce, quant à ce dernier point de vue, une différence bien caractérisée avec la séparation de corps ?
La question est controversée parce que, suivant les
uns, la séparation de corps maintient le devoir d'assistance, tandis que, d'après d'autres auteurs, l'assistance est liée à la vie commune et disparaît avec
elle. C'est à ce dernier parti que nous nous rattacherons, et nous dirons avec M. Laurent. « L'assistance ne suppose-t-elle pas des soins personnels
donnés à un époux malade, ou des consolations
accordées à un conjoint affligé ? Ces devoirs n'im-
pliquent-ils pas l'union des âmes ? Et peut-on encore
parler de l'union des âmes entre époux séparés de
corps, c'est-à-dire entre des époux que la haine divise. Conçoit-on même la possibilité de ces soins dé-

licats, là où il n'y a plus de vie commune ? L'assistance est donc un de ces effets du mariage qui cessent avec la vie commune qui leur donne naissance ». (Laurent, t. III, § 348). En résumé, la conversion de la séparation de corps en divorce n'entraîne au point de vue de l'assistance, aucun changement entre les époux.

Dans l'une et l'autre situation, les époux peuvent se réunir à nouveau. Là encore la substitution du divorce à la séparation de corps produit des effets considérables. La séparation permet aux époux de vivre séparés, mais ils peuvent se réunir quand bon leur semble, et cette réconciliation, en quelque forme qu'elle se produise, fait disparaître la séparation de corps qui avait été prononcée. Aucune intervention d'officier de l'état civil n'est nécessaire. Quand le divorce a été prononcée, si les époux veulent se réunir, ils ont la faculté en principe, sauf dans un cas. Mais aussi, s'ils veulent vivre à nouveau dans l'état de mariage, il faudra avoir recours à une nouvelle célébration devant un officier de l'état civil : il y aura là deux mariages successifs et non une seule et même union. Cela est fort important à constater surtout au point de vue des faits qui se sont produits dans l'intervalle entre le divorce et la nouvelle union. Nous aurons du reste à revenir sur ce point quand nous étudierons les effets du divorce sur la situation des enfants nés depuis la séparation de corps ou le divorce.

L'effet produit par le divorce serait encore bien plus considérable, si on admettait avec certains auteurs que l'époux qui a obtenu la séparation de corps est toujours libre de la faire cesser quand bon lui semble, sans le consentement de son conjoint. Certainement après le divorce un nouveau mariage ne devient possible que du consentement des deux contractants. Pour nous, nous admettons que la séparation de corps produit un changement d'état, qui donne naissance à un droit acquis pour chaque époux, même pour l'époux coupable ; et en conséquence, en ce qui concerne la nécessité du consentement des deux conjoints pour leur réunion, nous ne voyons aucune différence entre la séparation de corps et le divorce.

Il est au contraire facile d'en apercevoir une très grande en ce qui touche au consentement des parents des deux époux. Quand deux conjoints sont séparés de corps, ils peuvent se réconcilier, et cette réconciliation dépend uniquement de leur volonté, n'est soumise à la nécessité d'aucun consentement d'ascendant ou de tuteur. Si le divorce remplace la séparation de corps un effet nouveau se produit. La réconciliation peut avoir lieu, mais les deux conjoints divorcés, qui voudraient de nouveau vivre comme mari et femme, et contracter une nouvelle union serait obligés de demander le conseil, ou même d'obtenir le consentement de leurs ascendants, et jusqu'à vingt et un ans celui du conseil de famille à défaut d'ascendants.

Les époux séparés peuvent se réunir sans attendre aucun délai. Nous pensons qu'il en serait encore ainsi, même dans le cas où le divorce aurait été substitué à la séparation. L'article 297 du Code civil exige bien un délai de dix mois pour la femme divorcée ; mais cet article vise le cas ordinaire où chaque époux contracte un nouveau mariage avec un autre que son conjoint primitif. Cet article est fondé sur la crainte d'une *turbatio sanguinis,* crainte qui ne peut avoir aucune raison d'être dans le cas de réunion de deux anciens époux. Le seul délai légal à observer, suivant nous, serait donc le délai des publications.

L'article 295 décide que les époux, qui, après avoir divorcé, se sont réunis, ne pourront plus divorcer à nouveau, sauf dans un cas. A ce sujet deux observations doivent trouver ici leur place : 1° Cette interdiction s'applique même au cas où il s'agit d'un divorce prononcé après séparation de corps ; 2° si la vie commune devient à nouveau impossible, sans doute on pourra recourir à la séparation de corps, mais cette séparation, quels qu'en puissent être les inconvénients, ne pourra jamais être convertie en divorce, après quelque laps de temps que ce soit :

§ II. — *Rapports pécuniaires.* — La substitution du divorce à la séparation de corps introduit dans les rapports des époux au point de vue pécuniaire des conséquences très graves. Cependant il ne faudrait pas exagérer ces conséquences. Notre étude n'attendrait pas son but si nous n'arrivions point à démontrer que le rapporteur de la loi au Sénat posait un principe vrai, au moins en règle générale, quand il disait : « Le jugement de conversion ne pourra, en ce qui concerne les questions dont se préoccupe le collègue qui m'interroge (questions pécuniaires), modifier les décisions qui résulteraient du premier jugement. Autrement ce serait non un jugement de conversion, mais un jugement de révision ». De ce principe en découle un autre dont nous aurons à faire souvent application, c'est que l'époux contre lequel les déchéances résultant du divorce se produiront dans le cas de l'article 310, est celui contre lequel la séparation de corps a été prononcée, et non point celui qui est défendeur dans l'instance qui a pour but de convertir le jugement de séparation en jugement de divorce.

Il est inutile d'ajouter que ces principes ne s'appliquent plus quand il s'agit de la substitution du divorce à la séparation de corps, autrement qu'en vertu de l'article 310, par suite d'une cause nouvelle de divorce survenue après la séparation.

Ces principes, qui vont guider tout notre exposé de la matière, ressortirait clairement des considérations que nous aurons à présenter relativement aux diverses questions qui s'élèvent sur notre sujet. Nous examinerons successivement les effets de la conversion de la séparation de corps en divorce, en ce qui concerne : 1° Les secours entre époux ; 2° la révocation des libéralités ; 3° la nécessité de l'autorisation maritale ; 4° les droits successoraux ; 5° le régime matrimonial en cas de réunion entre les époux.

1° *Obligation de secours.* — L'article 212 déclare que les époux se doivent mutuellement secours. Le mari doit fournir à la femme tout ce qui lui est nécessaire, suivant ses facultés et son état. La femme, de son côté, et par réciprocité, doit subvenir aux besoins de son mari, si ce dernier se trouve dans le besoin et hors d'état de se procurer ce qui lui est nécessaire. Cette dette alimentaire subsiste-t-elle après la séparation de corps ? La question n'est pas controversée quant à son principe ; mais l'article 301 du Code civil vient, d'après quelques auteurs, jeter une grande confusion dans la question. Cet article est-il applicable non-seulement en matière de divorce, mais aussi en cas de séparation de corps?

Deux opinions sont en présence : l'une applique toujours et uniquement l'article 212, l'autre applique
concurremment les deux dispositions. Il nous semble
qu'il est difficile d'appliquer l'article 212 en même
temps que l'article 301. Comme le fait remarquer
M. Demolombe, l'article 212, combiné avec l'article 207 du Code civil, établit la réciprocité de la
dette alimentaire, qui peut être due aussi bien par
l'époux innocent à l'époux coupable que par le dernier au premier. L'article 301, au contraire, est tout
en faveur de l'époux innocent.

Du reste, l'article 301 nous paraît avoir été rédigé uniquement en vue du divorce. Tant que le
mariage subsiste, tout le monde est d'accord sur ce
point, la dette alimentaire existe entre les époux et
cette dette est due par l'époux qui a des ressources à
l'époux qui est dans le besoin. Le divorce vient
mettre fin à cette dette alimentaire. De là une injustice que l'article 301 a pour but de faire disparaître. Celui qui, par ses torts, a amené le divorce,
ne peut en retirer un bénéfice en se libérant de l'o-
bligation de fournir des aliments à son conjoint
sans ressources ; aussi l'époux coupable doit-il fournir une pension à l'époux innocent, mais sans aucune réciprocité. Tout cela est-il conciliable avec le
régime de la séparation de corps, c'est-à-dire avec
l'existence du mariage ? Evidemment non, il ne peut

être question de cette espèce d'indemnité due à l'époux innocent par l'époux coupable, puisqu'aucun préjudice, au point de vue qui nous occupe, n'a été souffert, puisque la séparation de corps ne met pas fin à la pension alimentaire établie par l'article 212 (1).

Cela étant posé, il est évident que la conversion de la séparation de corps en divorce va substituer l'application de l'article 301 à celle de l'article 212. Et pour mesurer les effets de cette substitution, il nous faut rechercher quelles sont les différences qui séparent les règles contenues dans ces deux articles. Sur cette question, presque tout est controversé, excepté quelques règles qui paraissent admises par tout le monde.

1° D'après l'article 212, la dette alimentaire est réciproque ; elle est due par suite du mariage, sans distinction entre l'époux qui a obtenu la séparation de corps et celui contre qui elle a été prononcée. « Si ce n'est qu'on pourra et qu'on devra même se montrer plus favorable au premier qu'au second, dans la détermination du *quantum* de la pension ali-

---

1. On ne peut donc pas nous reprocher d'être illogique en refusant d'appliquer à la séparation l'article 301 tandis que nous appliquerons les articles 302 à 304. Ces derniers ne reposent pas sur l'idée de rupture du mariage tandis que tel est le fondement de l'article 301 du Code civil.

mentaire » (Demolombe, t. IV, nº 501). D'après l'article 301, l'époux innocent a seul droit à cette pension.

Aux termes de l'article 301, c'est l'époux qui a obtenu le divorce qui aura droit à la pension alimentaire. Cet article, rédigé pour le cas où le divorce est demandé directement, ne saurait cependant donner lieu à aucune difficulté dans l'hypothèse d'une conversion. Nous avons vu la base de cette disposition ; il en résulte nécessairement que celui qui doit payer cette pension est l'époux coupable, et que l'époux innocent se confond dans la pensée du législateur avec l'époux qui a obtenu le divorce. Nous aurons à revenir sur ce point avec plus de détails dans la question relative à l'article 299 ; qu'il nous suffise actuellement d'énoncer le principe.

Que décider au cas où le divorce est prononcé, non point par voie de conversion, mais par voie principale au profit de celui contre qui la séparation de corps a été prononée. Suivant nous, on se trouve dans une situation analogue à celle qui existe quand le divorce est directement prononcé à l'encontre des deux époux en cas de torts réciproques. Ni l'un, ni l'autre ne peut invoquer l'article 301, puisque ni l'un ni l'autre n'est innocent.

2° D'après les principes généraux : « Les aliments ne sont accordés que dans la proportion du besoin de celui qui les réclame et de la fortune de celui qui les doit. » C'est la seule limite indiquée par la loi aux magistrats. Dans le cas de divorce, la dette alimentaire ne peut dépasser la mesure des besoins de l'époux outragé, ni la limite des ressources de l'époux coupable ; mais, de plus, elle ne peut dépasser le tiers des revenus de l'époux défendeur. « La limite est assez arbitraire », dit M. Laurent ; et suivant le même auteur, « il faut l'interpréter d'après les principes généraux qui régissent les aliments ; si le tiers des revenus était insuffisant pour fournir aux besoins de l'époux innocent, le tribunal pourra dépasser ce chiffre. Ce que la loi veut, c'est qu'une fois la subsistance assurée on ne dépasse pas le tiers des revenus » (Laurent, III, 309). Cette décision est conforme au principe posé par M. Laurent, que l'époux innocent ne doit rien perdre par le divorce, qu'il doit conserver la portion d'aisance que son conjoint lui avait faite. Ce principe n'est écrit nulle part, et se trouve souvent en défaut ; la décision est en outre absolument contraire au texte de la loi. A quoi servivait, en effet, une limitation, que le magistrat pourrait violer quand il le jugerait convenable, excepté dans les cas où il ne verrait pas la nécessité de commettre cette violation.

3° La dette alimentaire, celle qui existe pendant la séparation de corps, est variable ; nécessaire

aujourd'hui, elle peut cesser d'exister demain, pour
reprendre naissance plus tard. Elle n'est pas plus
fixée dans sa quotité que dans son existence. Variable et accidentelle, elle pourra être réclamée par l'é-
poux et fixée par le tribunal quand le besoin s'en
fera sentir. Après le divorce faut-il donner les mêmes solutions ? Et d'abord est-elle variable ? L'article 301 déclare seulement que : cette pension sera
révocable dans le cas où elle cesserait d'être nécessaire. » Cette disposition ne répond point explicite-
ment aux autres questions qui peuvent être posées.
D'après nous c'est une dette alimentaire présentant en
principe les mêmes éléments que la pension alimentaire ordinaire, sauf les dérogations apportées
par le texte même de la loi. Par conséquent nous
ne saurions donner des solutions différentes pour le
divorce et pour la séparation de corps. Certains auteurs ont basé l'article 301 non sur l'idée de pension alimentaire, mais sur l'idée d'indemnité due
par l'époux coupable à l'époux innocent. La raison
d'être de ce système, c'est que le divorce met fin au
mariage et par conséquent au principe générateur de
la dette alimentaire. D'ailleurs cette idée d'indemnité n'explique-t-elle pas pourquoi l'article 301 accorde un droit à l'époux innocent et le refuse à l'é-
poux coupable. Nous repoussons cette doctrine et
pour la rejeter nous nous contenterons de repro-

duire le passage suivant de M. Laurent : « Conçoit-
on une indemnité, c'est-à-dire des dommages intérêts qui sont évalués non d'après le préjudice souffert, mais d'après la fortune du débiteur ? Conçoit-
on une indemnité qui ne peut pas dépasser le tiers
des revenus du débiteur, bien que le préjudice soit
plus élevé ? Enfin si c'était une indemnité la créance une fois évaluée entrerait dans le patrimoine du
créancier, et il ne pourrait plus en être privé. Cependant la loi déclare que la pension alimentaire
est révocable dans le cas où elle cesserait d'être nécessaire. Conçoit-on une indemnité due à raison
d'un préjudice, qui cesse d'être due quand le créancier n'est plus dans le besoin ? La révocabilité de la
pension prouve à l'évidence qu'il s'agit d'aliments
et non d'indemnité. » (Laurent III, 311). Du reste,
si on parle d'indemnité, quel est le préjudice que
fait éprouver le divorce ? Il résulte de ce que le
mariage étant rompu la dette alimentaire disparaît.
Pour porter remède à ce préjudice il suffit de maintenir, en faveur de l'époux innocent, l'obligation de
payer la pension. C'est ce qu'a fait l'article 301.

En conséquence donc il faudra déclarer que la
pension alimentaire qui nous occupe sera fixée par
le tribunal d'après les besoins de l'époux innocent ;
que cette fixation pourra être modifiée suivant les
fluctuations de la fortune de l'époux coupable ;

qu'elle pourra renaître après s'être éteinte pendant un certain temps : que l'époux innocent qui aurait été valide au moment de la prononciation du divorce ou bien qui aurait négligé de faire prononcer sur la dette alimentaire, pourra intenter une action nouvelle pour faire fixer cette pension. Il est vrai qu'ici nous nous séparons d'un certain nombre d'auteurs et entre autres de celui dont nous invoquions à l'instant l'autorité. « C'est lors de l'admission du divorce, dit-on, que le tribunal pourra accorder à l'époux qui a obtenu le divorce une pension alimentaire sur les biens de l'autre époux. Une fois le divorce prononcé, les époux deviennent étrangers l'un à l'autre, ils ne se doivent plus de secours, donc l'époux qui a obtenu le divorce sans faire fixer sa pension alimentaire, ne peut plus la réclamer après que le divorce est prononcé. » (Laurent III, 308). Cette solution nous paraît peu conciliable avec ce principe qu'il y a dans notre hypothèse une dette alimentaire et que le montant de cette dette peut être fixé par le tribunal à différentes époques postérieures au divorce, suivant les besoins ou la situation du débiteur et du créancier. Pour échapper à la contradiction on distingue entre le droit à l'indemnité et l'action en indemnité. Si le droit existe après le divorce, il doit donner naissance à une action pour le mettre en pratique.

4° La dette alimentaire ordinaire, d'après quelques auteurs, différerait encore de la pension due en vertu de l'article 301 à un autre point de vue. En cas de divorce la dette alimentaire serait due non seulement par l'époux, mais encore par les héritiers de l'époux coupable prédécédé. Il y aurait de cela une raison que nous avons déjà indiquée: il s'agit d'une espèce de créance en indemnité, charge de la succession, par conséquent charge transmissible passivement aux héritiers, (Voy. Cass. 2 avril 1861. D. 61, 1, 92. — Rouen, 30 juillet 1862. D. 64, 2, 238. — Grenoble, 11 juillet 1863. D. 65, 2, 6.) (1). Cette idée nous l'avons déjà repoussée. Le fondement de l'obligation imposée à l'époux contre lequel le divorce est prononcé, c'est qu'un époux, par sa faute, ne peut se décharger d'une obligation qui pèse sur lui. Mais cette obligation ne peut avoir plus d'étendue après le divorce que pendant le mariage, et nous pensons que le mariage venant à se dissoudre par la mort de l'un des époux, la dette alimentaire ne passerait pas aux héritiers du défunt. En tous cas il nous paraît illogique de donner une solution différente en matière de séparation de corps et en matière de divorce. Si donc on admet avec

1. Pour bien comprendre ces décisions, il ne faut pas oublier que la jurisprudence applique souvent concurremment les articles 301 et 212 aux époux séparés de corps.

nous, et avec la jurisprudence la plus récente, que
la dette alimentaire, en général, est personnelle, il
est impossible de ne pas décider de même pour l'article 301 du code civil.

Nota. — Le second mariage de l'époux divorcé et
créancier de la pension, mettrait fin suivant nous,
à l'obligation pour le premier conjoint. de payer
cette pension. Le nouvel époux doit subvenir aux
besoins de son épouse, et il paraîtrait immoral
qu'une femme put réclamer une pension alimentaire à son premier mari pour la partager avec le
second.

2° *Révocation des libéralités.* — S'il est une question qui a exercé la sagacité des jurisconsultes, et
qui à l'heure actuelle emprunte une nouvelle importance dans la loi sur le divorce, c'est l'interprétation des articles 299 et 300 du Code civil, leur application à la séparation de corps, et à la conversion
de la séparation de corps en divorce. C'est une question délicate, puisque la Cour de cassation, après
avoir pendant 40 ans adopté une jurisprudence constante en un sens, l'a complétement abandonnée depuis 1845 ; à l'heure actuelle la jurisprudence française et la jurisprudence belge sont complétement
divisées sur la solution à donner. Nous allons essayer à notre tour de résumer cette discussion, car
il nous semble qu'elle nous intéresse à deux points

de vue : 1° Quel est l'effet de la conversion de la séparation de corps en divorce, obtenue par l'époux innocent ; 2° Quel est partout son effet quand c'est l'époux coupable qui, au bout de trois ans, obtient la conversion. Nous aurons encore à étudier cette question au cas où l'époux contre lequel la séparation de corps a été prononcée obtient à son tour le divorce pour une cause survenue depuis la séparation.

La question relative à l'article 299 revient à se demander si les déchéances établies en ce qui concerne le divorce, en général, et celle des libéralités en particulier, sont aussi applicables à la séparation de corps.

Jusqu'en 1845, comme nous le disions plus haut, la Cour de cassation décidait que l'article 299 constitue une pénalité, qui, à ce titre, ne peut être étendue du divorce à la séparation de corps. « Pour éteindre aussi la disposition de l'article 299, disait Merlin, il faudrait être législateur. » Cet argument, qui est le seul, mais qui serait suffisant s'il était fondé, est-il bien établi ? le législateur du Code civil a-t-il entendu restreindre au divorce la déchéance de l'article 299 ? Ne peut-on point trouver dans l'histoire soit de la jurisprudence ancienne, soit de la rédaction du Code civil, la preuve que les rédacteurs du titre du divorce et de la séparation de corps, ont voulu établir un principe général, applicable dans les deux cas? Enfin la raison ne demande-t-elle pas impérieusement cette assimilation? Tels sont les points de vue auxquels il convient de nous placer pour ne point nous égarer.

Et d'abord que disaient nos anciens auteurs au sujet de la séparation de corps? Celui des deux conjoints qui a obtenu la séparation peut faire révoquer à son profit les libéralités qu'il a consenties à son conjoint. C'est ce que décidaient les parlements suivant ce qui nous est rapporté par Bourjon, Despeisses et autres auteurs.

Or, les rédacteurs du Code civil qui n'ont pu rechercher dans notre ancien droit les règles du divorce, se sont inspirés des effets qu'y produisait la séparation de corps, sauf naturellement ceux de ses effets qui dérivent de la dissolution du mariage. Il est vrai que, dans l'art. 299, le divorce produit de plein droit révocation des libéralités et, par conséquent, va plus loin que notre ancienne jurisprudence, ou plutôt établit un effet plus énergique et trouve inutile d'obliger le conjoint qui demande le divorce à demander en même par une disposition formelle la révocation des libéralités. Mais si l'effet est aggravé, il n'en est pas moins vrai que le principe même de la disposition a été tiré des écrits de nos anciens jurisconsultes et des décisions des parlements. Ce point nous paraît maintenant établi.

N'est-il pas facile de voir dès maintenant l'inconséquence qu'il y aurait eu pour le législateur de
maintenir pour le divorce une disposition qui avait
été introduite pour la séparation de corps, et de la
faire disparaître précisément pour ce qui concerne
l'institution primitive elle-même.

Cette argumentation présente par elle-même une
certaine force. Cependant il faut encore la compléter, parce que les rédacteurs du Code civil auraient
pu faire une chose dont nous ne comprendrons plus
à l'heure actuelle la raison d'être. Essayons donc
de pénétrer plus avant dans l'histoire de la rédaction du titre du divorce. On pourrait être tenté de
dire que le divorce est une institution que le législateur a réglementée avec beaucoup de soin, tandis
que la séparation de corps qui avait d'abord été
rejetée par lui, n'a été admise qu'à regret. Rien
d'étonnant donc, que le législateur ait négligé de
rétablir les effets autrefois produits par la séparation de corps. Ce raisonnement ne porte pas pour
deux raisons : 1° que le législateur ait été partisan
ou non de la séparation de corps, puisqu'il l'admettait, il a dû en réglementer les effets ; or, nous allons voir un peu plus loin qu'il ne les aurait pas
réglementés si nous ne pouvons emprunter certains
articles du divorce ; 2° les auteurs du Code civil
n'ont point admis à regret la séparation de corps·

Sans doute, ils considéraient le mariage comme un contrat civil et ils pensaient que le mariage, comme tout contrat, pouvait être soumis à des causes de résolution. Mais en même temps ils étaient soucieux de ne point froisser les convictions religieuses de chacun. La religion catholique, professée par un grand nombre de Français, interdit le divorce qu'elle considère comme contraire à la loi divine. Il fallait donc de toute nécessité rétablir, comme elle existait auparavant, et au profit de ceux à qui leur conscience défend de divorcer, la séparation de corps. Dans les procès-verbaux de la discussion, nous lisons que : « il ne faut point que l'époux soit mis entre les exigences de sa conscience et le sacrifice de son intérêt. » Ne serait-ce pas sacrifier l'époux innocent et catholique que de refuser d'appliquer l'art. 299 à la séparation de corps ?

Mais il y a mieux ; l'étude même des textes du Code et les travaux préparatoires, nous montrent qu'il faut étendre à la séparation de corps, les effets que la loi établit pour le divorce, sauf naturellement ceux qui sont inconciliables avec la séparation de corps, parce qu'ils reposent sur l'idée de dissolution du mariage. La séparation de corps a été traitée en quelques articles dans le Code civil et forme un chapitre spécial du titre du divorce ; aussi l'appelle-t-on souvent divorce des catholiques, et au point de

vue de ceux qui ont rédigé le Code, l'expression est
très exacte. Une expression, une comparaison ingé-
nieuse, a-t-on dit, n'est pas un argument. Soit : ce
qui nous paraît probant, c'est l'absence presque
absolue de textes sur les effets de la séparation de
corps. Or, il est évident que le législateur en éta-
blissant une institution veut qu'elle soit soumise à
des règles. Quel principe donc appliquer si ce n'est
celui qui consiste à se reporter aux articles du divorce pour en extraire les textes qui régiront la séparation de corps. C'est du reste ce que font à peu
près tous les tribunaux à d'autres points de vue,
par exemple, en ce qui concerne la puissance paternelle (art. 302-303). Et en ce faisant, ils ne font que
suivre les indications données par M. Treilhard qui
déclare que les effets de la séparation de corps sont
peu différents de ceux du divorce, par M. Rœderer,
qui déclare qu'ils sont les mêmes, moins, bien entendu, la dissolution du mariage.

« Cette séparation de corps, elle, en quoi consis-
tera-t-elle ? quels résultats produira-t-elle ? Le Code
n'en parle pas. Donc, il a entendu, dit Marcadé,
qu'on les trouverait ailleurs. Et où donc, si ce n'est
dans ceux des résultats du divorce que n'exclut pas
le maintien du mariage ?... Donc, quand nos adversaires font un choix entre ces résultats compa-
tibles avec la nature de la séparation, et qu'ils ad-

mettent celui-ci pour rejeter celui-là, ils font de
'arbitraire » (Marcadé, sur l'article 311).

On objecte, à la vérité, que tel n'a pas été le principe du législateur. puisque dans l'article 308 il re-
produit, à propos de la séparation de corps, le principe de l'article 298 édictant la peine de l'empri-
sonnement pour l'épouse contre laquelle le divorce
est prononcé pour cause d'adultère. Cette objection
nous paraît sans portée, parce que, dans cette hypothèse, il ne s'agit point de réglementer les effets
du divorce ou de la séparation de corps, mais d'établir une véritable peine pour un même délit qui se
manifeste sous deux aspects différents. Aussi, comme
en matière pénale, tout est de droit étroit, on conçoit que le législateur ait rappelé l'existence du délit d'adultère et l'ait frappé d'une peine pour chaque
cas spécial. Mais quand il s'agit des effets du divorce ou de la séparation de corps, quand il est
question en particulier de l'application de l'article
299, le même raisonnement n'est plus possible. Il
ne s'agit plus, en effet, de frapper une personne
d'une peine, il s'agit uniquement de rechercher
quels sont les effets de deux institutions reconnues
par le législateur et par lui très certainement ré-
glementées d'une manière obscure. Il ne s'agit plus
de déclarer quelqu'un coupable ou innocent, il s'a-
git de rendre justice à chacun, d'attribuer à chaque
époux ce qui légitimement doit lui revenir.

Peut-on dire, avec M. Dupin, qu'il n'y a pas même raison de décider dans les deux matières, « qu'il n'était pas possible de laisser l'époux qui avait obtenu le divorce vivre avec l'expectative que ses dons pourraient servir de dot à un second mariage, d'héritage à d'autres enfants. » D'où il semble résulter que pour M. Dupin, l'article 299 a pour base la dissolution du mariage. C'est là une erreur à plusieurs points de vue : 1° l'article 299 s'appuie si peu sur la dissolution du mariage qu'il n'a aucune application en cas de divorce par consentement mutuel ; 2° il ne frappe que l'époux coupable ; 3° Enfin, cet article est si peu incompatible avec la séparation de corps qu'il a été puisé dans l'ancienne législation sur cette même séparation de corps.

Qu'on ne voie pas cette contradiction dans ce fait que la révocation de plein droit mettra obstacle à la réconciliation qui est désirée par la loi. On pourrait en effet répondre qu'alors l'article 299 est maintenant en contradiction avec les principes du divorce. Du reste, il faut ajouter que la réconciliation ne sera point empêchée, parce que l'époux coupable est frappé d'une déchéance pécuniaire. Il n'est pas possible de laisser l'époux, qui a obtenu la séparation, vivre avec l'expectative que ses dons serviront à en-

tretenir une concubine et à doter des enfants illé-
gitimes (1).

On a encore vu une autre objection à notre théorie dans l'article 311. Le législateur a si bien prévu
les effets de la séparation de corps, qu'il a décidé
que cette séparation entraînerait toujours séparation de biens. L'objection n'est pas bien difficile à
résoudre. Nous disons que le législateur n'a pas jugé
à propos de répéter au chapitre de la séparation de
corps les dipositions relatives au divorce, qui pouvaient être communes aux deux institutions. Mais,
ici, il s'agit d'un effet particulier de la séparation
de corps, qui ne peut être produit par le divorce ; il
y a simplement substitution d'un régime matrimonial à un autre, et non point anéantissement de tout
régime comme dans le divorce. Il fallait donc bien
que le législateur en fasse spécialement mention.
Et puis il n'y a là qu'un effet accessoire, accidentel
de la séparation de corps ; la loi ne traite pas des
effets directs et principaux.

Du reste, le Code civil lui-même fait application
du principe que nous venons d'établir. L'article 1518
porte que : « Lorsque la dissolution de la commu-

---

1. Sans doute M. Dupin exigerait pour obtenir révocation des
libéralités que l'époux demandeur obtienne conversion en divorce. Mais n'est-ce pas là exciter au divorce, bien loin de faci-
liter le rapprochement des époux ?

nauté s'opère par le divorce ou par la séparation de corps, il n'y a pas lieu à la délivrance actuelle du préciput ; mais l'époux qui a obtenu soit le divorce, soit la séparation de corps, conserve ses droits au préciput en cas de survie. » D'où une double conséquence : 1° Le divorce et la séparation de corps sont assimilés dans cet article au point de vue des rapports pécuniaires ; 2° l'époux contre lequel la séparation de corps est prononcée est frappé de la déchéance du droit au préciput.

Il est difficile de n'être pas frappé de la rédaction de cet article. Quel est en effet le but ? Est-ce de déclarer que l'époux contre lequel la séparation de corps est prononcée est déchu du droit au préciput ? Pas le moins du monde ; l'article, dans ses termes, est absolument étranger à la question, si bien que, pour en dégager le principe, il faut faire un raisonnement. D'où vient cela ? De ce que l'article 1518 suppose établi un principe dont il dégage ou plutôt applique une des conséquences ; et ce principe, c'est que l'époux coupable est déchu de plein droit (et cela ne peut être qu'en vertu de l'article 299) de tout ce qui peut avoir le caractère de bénéfice, d'avantage matrimonial.

Les partisans de l'opinion contraire ont voulu, il est vrai, régler cet argument. « Le préciput, dit M. Laurent (t. III, 354), n'est pas une donation, mais

une convention de mariage, laquelle a pour base la
collaboration commune des époux ; et comme cette
collaboration cesse par la séparation, ainsi que par
le divorce, l'article 1518 a dû enlever le bénéfice du
préciput à celui des époux par la faute duquel la
vie commune cesse. Peut-on invoquer une disposition qui parle d'un contrat à titre onéreux pour en
déduire un principe concernant les libéralités? Cela
est peu logique. Vainement, dit-on qu'il en résulte
un argument *à fortiori* pour établir des peines, il
faut autre chose que des arguments, il faut des
textes. » Laissons de côté cette dernière objection à
laquelle nous avons répondu antérieurement et déclarons hautement qu'il y a un texte, précisément
l'article 299. Revenons à la première objection résultant de ce que le préciput est une convention de
mariage et non une libéralité. Est-ce bien un contrat à titre absolument onéreux, ou bien n'est-ce
pas plutôt un de ces actes qui participent des libéralités et des contrats onéreux ? Si c'était un contrat
à titre purement onéreux, si l'article 1518 reposait
uniquement sur ce que la collaboration commune,
cause et source du préciput, cesse par la séparation et le divorce, il faudrait dire que toujours le
préciput cesse d'exister, qu'il s'agisse de l'époux innocent ou coupable, de même que la succession
entre époux, qui repose sur l'existence du mariage,

cesse par le divorce, quelle qu'en soit la cause, à l'égard des deux époux divorcés.

Mais l'article 1518 émet l'idée que, dans le préciput en cas de survie, il y a jusqu'à un certain point un caractère libéral, un avantage matrimonial. Alors cet article, appliquant un principe général antérieurement posé, déclare que cet avantage est résolu au détriment de l'époux coupable, mais subsiste en faveur de l'époux innocent.

En résumé, dans l'article 299 comme dans l'article 1518 et d'autres dispositions, il n'y a que l'application d'un principe analogue à celui qui est contenu dans l'article 955. « Les donations entre vifs peuvent être révoquées pour cause d'ingratitude » ; et l'une des causes de révocation est justement les excès, sévices, injures, c'est-à-dire les faits qui peuvent donner naissance indistinctement au divorce ou à la séparation. La différence qu'il y a entre le cas de l'article 299 et celui de l'article 955 c'est que dans le premier la révocation a lieu de plein droit, tandis que dans le second il faut que le donateur demande la révocation en justice. Mais il y a là une différence plus apparente que réelle. Il faut dans l'un et l'autre cas que le donateur, victime, se plaigne et porte les faits à la connaissance des tribunaux. Dans le premier cas, cette plainte a lieu au moyen de l'action en divorce ou en séparation ; dans

le second, il faut bien, de toute nécessité, que le
donateur, pour porter les faits d'ingratitude devant
les tribunaux, demande directement la révocation
des libéralités par lui consenties. Ainsi comprise, la
disposition de l'article 299 rentre harmonieusement
dans les dispositions du Code civil sur les libéralités
et leur révocation (1).

Nous ne saurions mieux terminer cette discussion
qu'en citant l'arrêt solennel par lequel la Cour
de cassation, le 23 mai 1845, a modifié sa jurisprudence. Cet arrêt condense les arguments que nous
avons développés. « Attendu que dans notre ancienne législation, et lorsque la séparation de corps
était seule admise, l'époux qui l'obtenait avait le
droit de faire prononcer la révocation des donations

1. On a encore objecté à cette théorie le principe que les libéralités consenties en faveur du mariage sont irrévocables pour
cause d'ingratitude. Il y a longtemps qu'on a répondu à cet argument. En vertu de l'article 958, la révocation pour ingratitude
ne peut être opposée aux tiers. Or dans la donation en faveur
du mariage, outre l'époux gratifié qui est le donataire appa-
rent, il y a d'autres donataires inconnus, cachés, qui sont les enfants qui peuvent naître du mariage, et qui sont innocents de
l'ingratitude de leur père ou de leur mère. Cette raison n'existe
plus, bien au contraire, quand le donateur est un des époux et
le donataire l'autre conjoint. Il vaut mieux, pour les enfants,
voir les valeurs données dans le patrimoine de l'époux innocent
que dans celui de l'époux coupable. Aussi la Cour de Cassation
et certains auteurs ont-ils pu dire que l'article 959 ne s'applique
pas aux donations entre époux. La loi, dans l'article 299, s'ins-
pire de cette théorie.

qu'il avait faites à son conjoint, que le code civil en
instituant le divorce en même temps qu'il maintenait la séparation de corps, s'est approprié cette
règle et y a même ajouté, en déclarant par son
article 299. que l'époux contre lequel le divorce
serait prononcé, perdrait de plein droit tous les
avantages que l'autre époux lui avait faits, que
si cette disposition n'est pas répétée dans le chapitre spécial relatif à la séparation de corps, ce chapitre fait partie du titre du divorce, et sont immédiatement le chapitre qui règle les effets du divorce,
dont les dispositions, en tant qu'elle ne sont pas
irréconciliable avec la séparation de corps, en doivent aussi régler les effets; — que c'est ainsi que
les tribunaux appliquent journellement les dispositions des articles 301, 302 et 303, dans le cas de séparation, — que la disposition de l'article 299,
loin d'être irréconciliable avec la séparation de
corps. n'est que la réproduction sous une forme
nouvelle du principe consacré par l'ancienne législation, que la déchéance des avantages stipulés,
soit par le contrat de mariage, soit depuis le mariage contracté, encourue par l'époux contre lequel la
séparation ou le divorce a été admis, est la conséquence des torts de l'époux avantagé, d'où naît
une cause d'indignité qui ne peut être effacée par le
choix que l'époux offensé a été autorisé à faire

entre la voie du divorce et celle de la séparation ; que cette clause doit produire les mêmes effets dans l'un et l'autre cas puisque l'article 306 déclare que la demande en séparation de corps peut être formée pour les mêmes faits qui donnent lieu à la demande en divorce ; — que les dispositions de l'article 1518 du Code civil ne démontrent pas moins l'intention du législateur de faire de la déchéance des avantages stipulés entre époux une conséquence de la séparation de corps, aussi bien que du divorce, puisqu'il fait résulter de l'un et de l'autre également la déchéance du préciput conventionnel.» (Cass. ch. réunies 23 mai 1845. Sirey 45, I, 321).

Il est donc bien établi que les effets pécuniaires produits par le divorce sont aussi produits par la séparation de corps, à l'exception de ceux qui reposent sur l'idée de dissolution du mariage. La discussion qui précède, bien que paraissant sortir du cadre de nos études, y rentrait, au contraire, naturellement, non-seulement pour nous permettre de bien établir les différences entre les deux institutions, mais aussi pour nous donner la solution simple et pratique des différentes questions que fait naître la substitution du divorce à la séparation de corps soit par voie de conversion, soit par demande en divorce principal. En étudiant, à propos de ces questions, les hésitations et les contradictions de nos adversaires, nous nous affermirons, si besoin est, dans la solution que nous avons exposée.

Quatre hypothèses sont possibles : 1° l'époux demandeur en séparation obtient le divorce pour cause nouvelle ; 2° ce même époux obtient le divorce par voie de conversion ; 3° l'époux primitivement défendeur demande au bout de trois ans et obtient la conversion de la séparation de corps en divorce ; 4° l'époux contre lequel la séparation de corps a été prononcée obtient le divorce pour cause nouvelle.

Voici quelle sera la solution à donner dans chacune des hypothèses si on admet notre principe. Dans le premier cas ainsi que dans le second il n'y a aucune difficulté. La déchéance des libéralités est déjà produite de plein droit par la séparation de corps, et, par conséquent, peu importe le divorce survenant dans la suite, il ne peut produire aucun effet. Sans doute, si en fait les biens donnés n'avaient pas été restitués l'époux innocent demanderait la restitution, mais ce serait toujours en vertu de la séparation et non point en vertu du divorce. Cela entraîne des conséquences assez graves. 1° Au point de vue de la prescription, qui a commencé à courir à partir du jugement de séparation et non du jugement de divorce qui ne l'a pas interrompue. En effet, à partir de la révocation de plein droit, le détenteur qui possède *animo domini* commence une prescription acquisitive qui ne peut être interrompue que par une action. 2° Au point de vue des droits qui auraient pu être consentis par le donataire entre le jugement de séparation et celui de divorce; cela, du moins, est vrai si on admet avec M. Gabriel Demante et la Cour de cassation que la révocation en vertu de l'article 299, comme celle pour cause d'ingratitude, ne produit aucun effet dans le passé vis-à-vis des tiers. Le droit consenti entre le jugement de séparation et celui de divorce est nul.

Dans la troisième hypothèse, c'est l'époux contre lequel la séparation de corps a été prononcée qui se retourne contre son conjoint et obtient, au bout de trois ans, le divorce. Quel sera l'effet de la conversion sur les libéralités que les époux ont pu se faire? La question ne présente pas de grandes difficultés dans notre système. Après la séparation de corps, une partie des effets du divorce sont déjà produits, en ce qui concerne les intérêts pécuniaires des deux époux. Sans doute, le divorce vient apporter des modifications à l'état de séparation de corps, mais tous ces changements ne peuvent avoir trait qu'à la rupture du mariage. En ce qui concerne les intérêts pécuniaires, rien n'est donc changé, parce que là où les effets reposent sur une certaine cause

ont déjà été produits, cette cause cesse d'avoir une
efficacité quelconque (1).

1. L'interprétation que nous donnons des articles 299 et 300
semble bien avoir été adoptée par le Sénat dans sa séance du
24 juin 1884.

« M. Batbie. « Vous avez décidé qu'après trois ans le jugement de séparation pourrait être converti en un jugement de
divorce, et cela soit sur la provocation du demandeur soit sur
sur la provocation du défendeur.

« Les rôles peuvent donc être intervestis dans ce nouveau
procès : celui qui était demandeur peut devenir défendeur et
réciproquement; celui qui avait obtenu un jugement en séparation contre son conjoint pourra voir prononcer contre lui une
condamnation en divorce. Je demande alors ce qui va être décidé à l'égard des libéralités des donations que les époux s'é-
taient faites. D'après l'article 299 C. c., les libéralités sont révoquées à l'égard de l'époux contre lequel le divorce a été prononcé.

M. le Rapporteur. « La liquidation a été faite et le jugement a
été exécuté.

« M. Batbie. « Permettez : la liquidation a été faite, parce qu'il
y a eu séparation de corps ; il fallait bien une liquidation. Les
libéralités ont été révoquées, c'est-à-dire qu'il y a eu révocation
à l'égard de l'époux contre lequel la séparation a été prononcée,
l'autre époux gardant les avantages qui lui ont été faits.

« Mais les rôles sont maintenant intervertis; vous allez prononcer le divorce contre l'époux qui avait obtenu la séparation ;
je demande si le jugement nouveau entraînera la révocation des
libéralités vis-à-vis de celui qui sera défendeur à la conversion
du jugement de séparation en jugement de divorce. »

Le rapporteur, tout en déclarant qu'il répond en son nom personnel et non point comme représentant la commission, donne
une solution absolument conforme à la nôtre, en s'appuyant
sur les mêmes principes; et il est à remarquer que personne ne
conteste la justesse de ses déductions et le bien fondé des principes sur lesquels il s'appuie :

« Deux espèces peuvent se rencontrer :

« Lorsqu'on sera dans l'espèce établie par l'article 310, c'est-à-

Quatrième hypothèse. — La séparation de corps a été prononcée contre un époux, et voilà que, un certain temps après le jugement de séparation, l'époux qui avait obtenu ce jugement se rend coupable d'adultère ou d'injures graves envers son conjoint, ou bien encore encourt une condamnation à une peine afflictive et infamante. Celui contre lequel la séparation a été prononcée demande le divorce pour cause nouvelle, en suivant la procédure ordinaire, que trois ans se soient ou non écoulés depuis la séparation de corps. Voici quelle est, d'après nous et la jurisprudence, la situation des époux immédiament avant ce jugement. Le séparation entraînant l'application des articles 299 et 300, ce défendeur primitif avait perdu de plein droit les libéralités consenties par son conjoint, qui lui, de son côté, avait conservé tous les avantages qui leur avaient été faits. Le jugement de divorce intervient. Sans doute, l'effet produit par le premier jugement subsiste, et

dire lorsqu'il s'agira d'une question de conversion, ce jugement de conversion ne pourra, d'après moi, en ce qui concerne les questions dont se préoccupe le collègue qui m'interroge, modifier les décisions qui résulteront du premier jugement. Autrement ce serait non un jugement de conversion, mais un jugement de révision.

« D'après moi, la seule disposition qui pourra être modifiée, sera celle qui avait prononcé la séparation de corps, et qui, à la suite de l'épreuve de trois ans, pourra être convertie en disposition prononçant le divorce. » (*Journal officiel,* du 25 juin 1884).

les libéralitée qui avaient été révoquées de plein droit ne revivent pas. Que deviennent les avantages conservés par le demandeur en séparation de corps.

Le rapporteur de la loi sur le divorce va nous donner la solution. « Si on se trouve en présence d'une instance ordinaire en divorce, d'une instance entièrement nouvelle, fondée soit sur des faits nouveaux, soit sur d'autres considérations, mais sans qu'on invoque la procédure de faveur de l'article 310, et en employant uniquement la procédure ordinaire, alors je comprendrais très bien que le jugement qui admettra le divorce puisse revenir sur la question des avantages matrimoniaux et prononcer la déchéance de la partie qui les avait conservés dans la première instance relative à la séparation de corps.

« Il me semble qu'il n'y aurait rien d'anormal à ce que la déchéance fût prononcée successivement contre les deux époux ; contre l'un en vertu du jugement de séparation, contre l'autre en vertu du jugement de divorce. »

Cette solution, tout en n'étant que l'expression d'un sentiment personnel au rapporteur de la loi, nous paraît avoir beaucoup d'autorité, d'abord parce que personne au sein des Chambres ne l'a contredite, et surtout parce qu'elle nous paraît juridique. L'article 259 doit produire son effet contre les deux époux coupables d'ingratitude. On ne peut plus dire comme nous le disions dans l'hypothèse précédente : une seule cause ne peut pas produire deux fois son effet. Il y a là deux causes de révocation qui doivent produire chacune son effet et par conséquent entraîner la déchéance des libéralités à l'encontre de chaque époux coupable.

Notre tâche serait finie s'il ne nous restait à examiner les conséquences du système qui refuse d'appliquer à la séparation l'article 299. Cette nouvelle étude nous fournira l'occasion de voir à nouveau la simplicité de notre système, et l'impossibilité de ne pas l'admettre. Nous allons parcourir à nouveau les quatre hypothèses qui peuvent se rencontrer.

La première hypothèse est en même temps la plus simple. Lorsqu'un époux, qui a déjà obtenu la séparation de corps, fait prononcer le divorce pour une cause nouvelle, on ne peut pas ne pas admettre l'application de l'article 299 du Code civil, quelque soit le système admis sur la combinaison des articles 299 et 310. Mais il ne faut pas oublier que jusqu'au divorce, l'époux séparé serait demeuré propriétaire en vertu de la donation. En conséquence, la prescription du droit de revendication au profit du donateur ne courrait qu'à partir du divorce, tandis que nous l'avons fait courir à partir de la séparation de corps. Ne faut-il pas encore ajouter une autre différence et dire que ce n'est qu'à partir du même moment que le donataire perd, vis-à-vis des tiers, la faculté d'aliéner ou de grever de droits réels le bien donné? Il faut répondre affirmativement si on donne à l'article 299 le même fondement que nous ; mais dans l'opinion contraire la question est plus délicate et on peut soutenir que la résolution de la donation a un effet rétroactif, puisque la résolution pour ingratitude est la seule qui ne porte point atteinte à des droits acquis à des tiers. La Cour de Paris adopte cette opinion et s'appuie sur ce que la donation se trouve révoquée, parce que le mariage, condition de la donation se trouve rompu par la faute du donataire. Les auteurs, au contraire, qui rejettent notre système sur l'article 299, n'admettent pas la rétroactivité. « Les tiers, dit M. Laurent (III. 306), ne peuvent pas, ils ne doivent pas s'attendre à l'ingratitude du donataire, il faut donc qu'ils puissent traiter en toute sécurité avec lui, puisque, en principe, il est propriétaire irrévocable ». Tel est aussi notre avis ; mais alors nous ne voyons plus comment ne pas appliquer la même solution et à la séparation de corps et au divorce.

Pour donner la solution des autres hypothèses, il faut commencer par prendre parti sur une grave controverse qui divise nos adversaires. L'article 299 peut-il s'appliquer en matière de conversion? Nos adversaires se réunissent sur un point : c'est le divorce seul qui peut atteindre les libéralités consenties entre époux. Et comme il ne peut atteindre les libéralités que d'un côté, quel sera l'époux frappé?

Trois systèmes sont en présence. Le premier s'appuie sur les termes stricts de l'article 299 : « Pour quelque cause que le divorce ait lieu, hors le cas de consentement mutuel, l'époux contre lequel le divorce aura été admis perdra tous les avantages que l'autre époux lui avait faits. » Il n'y a pas à rechercher la base de cette disposition pénale. La loi établit une déchéance qui ne peut s'étendre, même par un argument *a fortiori,* à ceux qui ne sont point frappés par les termes de l'article 299. Or, sommes-nous dans le cas de divorce par consentement mutuel? Non, évidemment. Donc, la déchéance doit atteindre celui contre lequel le divorce aura été admis. Quel est cet époux? L'article 310 répond : « Lorsque la séparation de corps aura duré trois ans, l'époux qui était originairement défendeur, dans l'article 310 ancien, pourra demander le divorce au tribunal. » L'article nouveau déclare que le jugement de séparation pourra être converti en jugement de divorce sur la demande de l'un des époux. Peut-on dire, sans forcer complètement le sens des mots, que le divorce est prononcé contre celui qui demande le divorce au tribunal. Le divorce, en dehors du consentement mutuel, est admis contre celui qui n'en veut pas, et non pas contre celui qui le demande. Peut-on dire, avec l'article 300, que l'époux innocent qui n'en veut pas a obtenu le divorce. Non, certainement. Ce raisonnement nous paraît procéder logiquement et on a pu dire que celui qui demandait la séparation de corps afin de condamner son conjoint à un veuvage perpétuel encourait lui-même le divorce.

La logique de ce système, présenté dans un mémoire de M. Nachel à la Cour de cassation, dans l'affaire qui donna lieu à l'arrêt précédemment cité, ne pouvait convaincre personne tant cette théorie est en dehors de la réalité des choses. Elle frappe sans raison l'époux innocent pour récompenser l'époux coupable. Aussi, le procureur général Dupin, dans ses conclusions, la repousse-t-il. « Dans ce cas, il est vrai, dit-il, l'article 299 devait aussi recevoir son exécution, mais contre qui ? contre celui qui était originairement défendeur. Il aurait échappé à cette révocation en restant dans les termes de la séparation ; il s'y exposait volontairement en recourant à la voie extrême du divorce, dont l'effet était, non plus de relâcher le lien, mais de le rompre. » — Mais M. Dupin, pour rester dans les limites imposées par le bon sens, n'est-il pas obligé de se faire quelque peu législateur, afin d'étendre à un cas non

formellement prévu par le texte de l'article 299,
une déchéance pénale ? On peut, il est vrai, invoquer
un argument à *fortiori ;* mais cela ne suffit pas,
cemme le déclare l'illustre procureur général à la
Cour de cassation, pour étendre des déchéances. De
plus, ne pourrait-on pas dire « que cette interprétation de l'article 310, fort difficile à concilier avec
son texte, est, en quelque sorte, la neutralisation
de cet article ? N'est-il pas évident que l'effet révocatoire qu'elle suppose au profit du défendeur au
divorce, en aurait presque toujours arrêté la demande, et cela contrairement au vœu du législateur qui, certainement, était de rendre les époux
à la liberté de contracter une nouvelle union » (Note
de l'arrêtiste dans Sirey, 45, I, 321).

Pour notre part, nous pensons qu'il est impossible d'admettre l'un ou l'autre de ses systèmes ;
le premier, parce qu'il choque trop évidemment l'é-
quité ; le second, parce qu'il ne respecte pas lui-
même les règles d'interprétation qu'il commence
par poser. Par conséquent, si nous étions obligé de
répudier le système que nous avons exposé, nous
nous rattacherons à une troisième opinion d'après
laquelle l'article 299 se référerait uniquement aux
cas de divorce dont il est question antérieurement
et ne pourraient viser l'application de l'article 310.

En effet, l'écoulement d'un certain laps de temps

n'est pas, à proprement parler, une cause de divorce. En réalité, qu'on examine les choses dans leur nature et on verra qu'il n'en peut être ainsi. Deux personnes sont unies par le mariage ; l'une d'elle se rend coupable d'adultère, par exemple. L'autre époux, à qui sa conscience interdit le divorce, ou qui, pour une cause ou pour une autre, ne croit pas devoir le faire prononcer, demande et obtient la séparation de corps. Le jugement est exécuté, chaque époux va où l'appellent ses intérêts. Aucuns nouveaux rapports n'existent entre les époux, aucun fait injurieux à reprocher à l'un ou à l'autre, aucune condamnation à une peine afflictive et infamante n'est prononcée depuis ce moment. Dans cet état de chose, chacun jouit des biens qui lui appartiennent, qu'ils lui aient été donnés ou non par son conjoint. Cet état dure plus ou moins longtemps 4, 5, 10 ans, peu importe. Et voilà qu'au bout de ce temps l'un ou l'autre des époux, s'appuyant uniquement sur ce que la séparation a duré plus de trois ans, demande le divorce et l'obtient. Y a-t-il dans ce seul fait d'un laps de temps un évènement si grave que les libéralités, qui avaient résisté à la séparation de corps causé par la plus noire ingratitude, vont être enlevés à l'époux contre lequel le divorc est prononcé, que ce soit l'époux innocent ou coupable. Cela n'est vraiment pas possible (1). De deux choses l'une ; ou bien l'article 299 ne fait mention que du divorce, tel qu'il a été régi par les articles précédents, et par conséquent ne fait aucune allusion à l'article 310 ; ou bien cette disposition doit être interprétée d'après sa raison d'être, et par conséquent il faut dire avec nous que la déchéance doit suivre la séparation de corps aussi bien que le divorce.

Arrivons maintenant aux conséquences. Nous n'avons pas à nous occuper de l'application du premier système qui ne paraît devoir être admis en pratique par personne. Du reste l'application des principes aux faits serait des plus simples.

Les deux dernières opinions ont au contraire des partisans, des parrains illustres. Dans notre seconde

---

1. Nous ne pouvons pas ne point citer ici un passage du livre de M. Laurent (III, 303). « Le texte et l'esprit de la loi sont également étrangers au divorce admis en vertu de l'article 310. Ce divorce n'a pas lieu pour cause déterminée. Il est vrai que la séparation de corps a été admise pour cause déterminée, mais quand l'époux originairement défendeur demande le divorce, il n'y a pas de cause déterminée du divorce, il n'y a d'autre raison que le refus de l'autre conjoint de rétablir la vie commune après trois années de séparation, c'est un cas tout spécial qui ne rentre pas dans les causes déterminées de divorce. Donc le texte de l'article 299 n'est pas applicable. Que dire de l'esprit? Dans le cas de l'article 310 le défendeur est l'époux innocent, le demandeur est l'époux coupable, et la loi priverait de ses avantages l'époux innocent et les conserverait à l'époux coupable ! Le but de la disposition est moral, c'est un indigne qu'elle entend frapper, et l'on veut qu'elle récompense l'indigne et punisse l'innocent !

et troisième hypothèses, la mise en pratique de ces deux opinions est facile. Pour M. Dupin, c'est toujours l'époux coupable, l'époux défendeur à la séparation de corps contre qui la révocation des libéralités a lieu. Au contraire, dans l'opinion qui déclare inapplicable à l'article 310 les déchéances de l'article 299, chacun des deux époux conserve les libéralités qui lui avaient été consenties par son conjoint (1).

Les complications sont encore plus grandes dans la quatrième hypothèse. Il s'agit, on se le rappelle, du cas où le défendeur à la séparation devient demandeur en divorce pour cause nouvelle. Très certainement les partisans de la troisième opinion révoqueraient les libéralités consenties en faveur du défendeur en divorce mais non pas celles consenties par lui. D'où une conséquence parfaitement injuste. Deux époux se sont rendus également coupables et cependant l'un est frappé et l'autre point; et peut-être pourrait-on dire que c'est le moins coupable qui est le plus atteint.

Dans cette hypothèse, la seconde opinion doit cer-

---

1. Dans cette dernière opinion, il n'y a point à se demander si la révocation des libéralités a un effet rétroactif ou non. Dans la seconde, au contraire, qui se rapproche en fait de la solution adoptée par nous, la question se pose, et nous sommes en présence des deux systèmes que nous avons déjà exposés.

tainement admettre la même solution si le divorce est demandé avant qu'il ne soit écoulé trois ans depuis la séparation de corps. En effet, le divorce sera prononcé pour cause nouvelle, avant que le défendeur puisse reconventionnellement demander la conversion du premier jugement en jugement de divorce. Mais si trois ans s'étaient écoulés, nous pensons que les partisans de cette opinion agiraient comme nous et révoqueraient toutes les libéralités consenties à chacun des époux. On peut alors se demander pourquoi cette différence si considérable, qui n'a peut-être pour fondement que l'absence de quelques jours encore nécessaires pour que le défendeur en divorce puisse lui-même prendre l'offensive.

N'avons-nous pas raison de dire que le spectacle des incertitudes et des injustices nécessaires des systèmes opposés à notre théorie, auraient pour effet de nous attacher plus fortement à cette théorie, qui concilie dans une merveilleuse harmonie les différents textes du Code civil, en les mettant d'accord avec l'histoire, la raison et l'équité, et aussi, nous pouvons le dire, avec la volonté du législateur nettement exprimée en 1884.

3° *Autorisation maritale*. — Le divorce met fin à l'obligation pour la femme de demander l'autorisation maritale, pour faire des actes quelconques (1). La femme reprend sa liberté au même titre que si elle était veuve ou n'avait jamais été mariée. La femme séparée de corps, au contraire, ne recouvre sa liberté que pour les actes d'administration. Pour tout ce qui dépasse l'administration, pour l'aliénation d'immeubles, la ratification des actes antérieurs, l'action en justice, la femme doit, si le mari ne l'autorise pas, s'adresser à la justice et lui demander cette autorisation (1).

4° *Droits successoraux.* — Le droit de succession est anéanti entre les époux par suite du divorce. Il n'y a pas à distinguer entre l'époux coupable et l'époux innocent. C'est le lien conjugal unissant les époux au moment du décès de l'un d'eux, qui est la base du droit à la succession ; cette base disparaît par le divorce. En matière de séparation de corps, Pothier privait du du droit à la succession l'époux coupable, et maintenait le droit en faveur de l'époux innocent. A l'heure actuelle la succession est sou

---

1. Nous parlons de la femme majeure. Si elle était mineure il est évident que son divorce ne lui accorderait pas un droit qu'elle n'aurait pas si elle était veuve. A partir du divorce, la femme reste mineure émancipée comme au cours de la séparation de corps.

1. Un projet de loi présenté par MM. Batbie, Denormandie et Allou avait pour but de donner une capacité plus large à la femme. Ce projet aurait eu pour résultat pratique, dans beaucoup de circonstances, de réduire le nombre des demandes en divorce. Il n'est pas devenu loi.

mise aux principes de l'indignité, et la séparation
de corps n'est point une cause d'indignité.

La loi française ne reconnait en principe de droit
de succession au conjoint survivant qu'autant que
le *de cujus* ne laisse à son décès aucun héritier. Cette
situation du conjoint survivant résultat, paraît-il,
d'un inexplicable oubli, a été améliorée dans une
matière particulière par la loi du 14 juillet 1866.
Cette loi donne pendant cinquante ans au conjoint
survivant d'un auteur la jouissance des droits dont
l'auteur prédécédé n'a pas disposé par acte entre-
vifs ou par testament. Il est bien évident qu'il s'agit
là d'un droit de succession qui serait perdu par suite
du divorce, quel que soit l'époux contre lequel la
séparation ou le divorce aient été prononcés. Du
reste, la substitution du divorce à la séparation de
corps ne produira, dans la question qui nous occupe,
aucun effet quand la séparation de corps a déjà été
prononcée contre le conjoint de l'auteur (Voy. la loi
du 14 juillet 1866).

Tout autre est la solution quand il s'agit non plus
des droits d'auteur, mais des gains de survie. Il n'y
a là, en aucune façon, une transmission à titre de
succession. C'est une espèce de libéralité, consentie
dans le contrat de mariage, et soumise à l'article
300 du Code civil. Pour l'article 1518 du Code civil,
l'époux innocent, s'il survit, conserve ses droits,

tandis que l'époux coupable perdrait les siens. Nous appliquerons donc toutes les solutions données à propos des libéralités proprement dites. S'il y a conversion proprement dite, elle ne peut modifier les effets produits par la séparation de corps. Si, au contraire, le divorce est prononcé pour faits nouveaux contre l'époux qui avait obtenu la séparation, les deux conjoints perdent leur droit au préciput en cas de survie.

5° *Conventions matrimoniales.* — Il est impossible d'étudier une question de mariage sans voir aussitôt surgir la question des conventions matrimoniales. Quand deux personnes s'unissent, elles constatent par un écrit authentique, les règles d'après lesquelles leurs rapports pécuniaires devront être appréciés. A défaut de convention, le Code civil déclare les époux mariés sous le régime de la communauté conjugale.

Déjà la séparation de corps a porté atteinte à ce régime, tel qu'il a été établi par les époux. Le régime adopté l'est toujours, en vue d'une collaboration commune, ou au moins d'une communauté de vie, éteinte par la séparation. Aussi la loi décide-t-elle (art. 311), que les époux séparés de corps vivrait désormais, au point de vue des intérêts pécuniaires, sous le régime de la séparation de biens. Il ne faudrait pas croire, en vertu de cette disposition,

que les conséquences du mariage et du contrat sont
anéanties. Les époux séparés restent époux mariés,
et leurs rapports pécuniaires sont toujours régis par
leur ancien contrat à l'exception des dérogations
qui y sont apportées par la séparation de biens. Par
conséquent :

1° Si les époux se sont mariés sous le régime dotal, la femme reprend l'administration de sa dot,
mais les biens dotaux n'en restent pas moins aliéna-
bles. Cependant, une disposition que nous n'avons
pas à critiquer ici les déclare prescriptibles ;

2° L'hypothèque légale qui garantit à la femme
la restitution de ce qui lui appartient remonte au
jour du mariage et survit à la séparation de corps ;

3° Les contrats, qui sont interdits entre époux, le
sont même entre époux séparés. Ainsi, la vente
faite par le mari à la femme ou réciproquement, est
nulle ;

4° La femme, nous l'avons vu, ne peut agir sans
autorisation maritale ;

5° La prescription ne peut courir entre époux, la
séparation de corps ne mettant point obstacle à l'application de l'article 2253 du Code civil. Elle ne
court pas non plus au profit des tiers dans les cas
prévus par l'article 2256 ;

6° Les donations qui pourraient intervenir après
la séparation de corps, sont considérés comme do-

nations entre époux, et comme telles soumises à la réserve fixée par l'article 1094 du Code civil.

Toutes ces questions devraient recevoir une solution différente après la conversion de la séparation de corps est divorce. C'est alors la dissolution du mariage qui intervient, et avec elle la liquidation définitive des différents intérêts autrefois communs aux deux époux.

Ainsi le bien dotal devient aliénable à partir du divorce. L'hypothèque légale de la femme mariée continue à produire ses effets dans le passé, mais ne peut plus garantir aucune créance nouvelle, et pour conserver son rang la femme devra la faire inscrire dans l'année à dater du divorce. Les deux époux deviennent étrangers pour l'avenir et tous contrats autorisés par la loi leur sont permis. L'autorité maritale cesse comme par le décès du mari. La prescription court vis-à-vis de la femme à l'égard de tout le monde, et si une donation intervient alors entre les anciens époux, cette donation devrait être considérée comme donation entre étrangers, soit au point de vue de l'irrévocabilité, soit relativement à la quotité disponible.

Tels sont les principaux effets de la conversion, au moins tant que les époux ne se réunissent point. Mais dans l'un et l'autre cas, depuis la loi du 27 juillet 1884, les époux peuvent reprendre la vie commune, en se reconciliant dans le premier cas, en contactant un nouveau mariage dans le second. De même que les effets étaient différents avant la réunion, de même la conversion entraînera des conséquences graves lorsque les époux voudront se réunir, reprendre la vie commune.

Lorsqu'il y a eu séparation de corps, le Code civil avec raison a suivi la règle posée par Valin dans notre ancien droit. « Quand la femme retourne avec son mari, sans lui confier la direction de ses biens meubles et immeubles, elle ne fait que mettre fin à la séparation de corps, et cela sans doute par principe de religion et par raison de conscience ; il est bien évident alors qu'elle ne tend pas à déroger à la séparation des biens; et quoique cette séparation n'ait été ordonnée que par nne suite naturelle inévitable de la séparation d'habitation rien n'empêche qu'elle ne puisse subsister malgré la révocation de l'autre, puisque, après son exécution, son effet est absolument indépendant de toute réconciliation, il serait même de dangereuse conséquence qu'il en fut autrement attendu que l'intérêt que les parties pourraient avoir de ne pas renouer leur communauté serait peut-être un obstacle invincible à leur réunion ». (Sur l'article 48 de la coutume de la Rochelle.)

Ce raisonnement justifie pleinement la disposition de l'article 1451 du Code civil. « La communauté ne peut être rétablie que par acte passé devant notaires et avec minute, dont une expédition doit être affichée dans la forme de l'article 1445. — En ce cas la communauté rétablie reprend son effet du jour du mariage ; les choses sont réunies au même état que s'il n'y avait point eu séparation sans préjudice néanmoins de l'exécution des actes qui, dans cet intervalle, ont pu être faits par la femme, en conformité de l'article 1449. — Toute convention par laquelle les époux rétabliraient leur communauté sous des conditions différentes de celles qui la réglaient antérieurement est nulle. » Sauf cette dernière restriction, les époux conservent une assez grande liberté. Ils peuvent reprendre leur ancien régime, mais tel qu'il était au jour du mariage, et alors il est censé n'avoir jamais cessé de s'appliquer en principe ; ou bien ils peuvent, s'ils le préfèrent, continuer à vivre dans l'état de séparation de biens.

Les époux divorcés conservent-ils cette même liberté, ou même une liberté plus grande au point de vue du régime matrimonial. Si nous nous en tenions aux principes généraux, il semble qu'il faudrait décider que les conjoints divorcés et qui se remarient peuvent régler librement leurs conventions matrimoniales puisqu'ils contractent un nouveau mariage, mariage qui, à aucun point de vue, ne

peut être considéré comme la suite de la première
union. Il n'y avait plus la même raison que dans
l'article 1451 de restreindre la liberté des contractants. Dans ce cas il n'y qu'une union, et le dernier
paragraphe de l'article 1451 s'explique par le principe de l'immutabilité des conventions matrimoniales, principe qui ne peut recevoir application en
cas divorce. Du reste, quel danger y avait-il à craindre en laissant toute liberté aux époux. N'auraient-
ils pas pu contracter mariage avec des étrangers et
adopter tel régime matrimonial qui leur aurait con-
venu. Pourquoi ne pas leur accorder même liberté
quand ils se marient ensemble. Est-ce qu'il y avait
à redouter que des époux, pour changer de régime,
simulent des faits qui puissent amener un divorce ?
Cela semble pe uprobable quand on songe aux lenteurs et aux difficultés de la procédure, et surtout
en présence de la sagacité des magistrats qui ne
verraient point dans ces faits simulés des actes assez
graves pour prononcer le divorce.

Quoi qu'il en soit de ces considérations théori-
ques, le code civil, dans le nouvel article 295, n'a
point laissé cette liberté aux époux ; et chose étrange,
la nécessité des choses a alors amené à restreindre
la liberté qui appartient aux époux séparés de conserver la séparation de biens s'ils ne veulent reprendre le régime primitif.

Les époux qui se remarient ne pourraient donc pas adopter un régime autre que celui qui réglait ordinairement leur union (1). Quelle sera la forme à

1. Deux questions qui se rattachent plutôt à l'étude du divorce proprement dit qu'aux effets de la conversion, s'élèvent à propos de cet article 295 : 1° quel est exactement le sens de l'expression « régime » ; 2° quelle est la sanction de cette disposition.

a) En ce qui concerne la première question on est à peu près d'accord pour dire que les expressions « régime » et conventions matrimoniales », ne sont pas absolument synonymes. Le texte primitif qui exigeait « les mêmes conventions » a été rejeté. Mais le mot « régime » ne peut être considéré comme désignant l'un des quatre grands régimes reconnus et réglementés par la loi française. Certaines clauses, dans la communauté conventionnelle, peuvent changer considérablement les rapports des époux entre eux et vis-à-vis des tiers. Or la loi ne le veut pas. Nous pensons, à défaut de clarté dans la rédaction de la loi, qu'il faut exiger un régime équivalent au régime primitif. Sans doute ce ne seront pas exactement les mêmes clauses parce que les changements intervenus dans la fortune des époux ont pu rendre ces conventions absolument impossibles. Mais c'est la seule modification que nous croyons permise.

b) Les époux se marient sans faire de contrat ou en font un différent du premier : mariés autrefois sous le régime dotal ils adoptent la séparation de biens ou la communauté plus ou moins modifiée. Quelle sera la sanction des prescriptions de la loi? Il y a là une difficulté non prévue par le législateur, et toute solution proposée peut paraître arbitraire : 1° faut-il annuler le contrat de mariage? Telle paraîtrait bien être la solution la plus conforme à la loi. Les époux ont fait un acte qu'ils n'avaient pas le droit de faire et par conséquent un acte que la loi et la puissance publique ne feront pas respecter. Mais la difficulté n'est que reculée. Sous quel régime vont-ils alors être mariés? On ne peut en effet appliquer ici l'article 1393 du Code civil; car ce serait alors violer manifestement notre article 295, excepté au cas où les époux étaient mariés sous le régime de la communauté

suivre ? Quand il n'y a eu que séparation, les époux
déclarent leur volonté devant notaires et on donne
à cette déclaration une certaine publicité régie par

légale. Déclare-t-on les époux soumis à leur ancien contrat ? Il
y a à cela deux difficultés. D'abord la loi n'exige pas absolument les mêmes conventions, et ensuite, nous avons vu plus
haut que les changements survenus dans la fortune des époux
rendaient souvent impossibles ces conventions identiquement
les mêmes.

Nous ne voyons que deux solutions à proposer ; 2° on refusera
de célébrer le mariage tant que les époux ne justifieront pas de
l'accomplissement de l'article 295. Cela ne nous satisfait point ;
car c'est créer un empêchement au mariage, empêchement qui
ne ressort point suffisamment du texte même de la loi. Et puis,
qui sera juge ? L'officier de l'état civil sans doute ! Il pourra
donc se faire représenter l'ancien contrat et le nouveau. C'est
là un pouvoir bien exorbitant ; jamais l'officier de l'état civil ne
peut se faire représenter des actes qui ne sont point destinés à
être publics. Enfin la plupart du temps il serait incompétent
pour juger une question que peut exercer au plus haut point la
loyauté des jurisconsultes de profession ; 3° reste un troisième
système. L'article 295 pose un principe sans sanction, parce que
la sanction, quelle qu'elle soit, en vertu des circonstances, aurait dû, pour être légale, être établie par le législateur lui-même.
Or nous ne voyons nulle part une disposition analogue à celle
qui termine l'article 1451, et qui prononce la nullité de toute
clause contraire à ses prescriptions. Cette règle, du reste, était
facile à établir parce que, en matière de séparation de corps, au
moment de la réconciliation il y a un régime matrimonial, et
qu'il n'y a qu'à laisser ce régime continuer à produire ses effets
légaux. Mais dans notre hypothèse, après le divorce, il n'y a
pour régir les époux dans leurs rapports pécuniaires, aucun régime existant qu'on puisse appliquer.

Ce dernier système, si on l'appliquait dans toute sa rigueur,
aurait pour résultat de tromper souvent les tiers avec lesquels les
époux pourraient contracter. Or il nous paraît évident que les
époux ne peuvent, en violant un principe légal, causer un pré-

l'article 1445 du Code civil : affiche sur un tableau dans la principale salle du tribunal civil, et, si le mari est commerçant, dans celle du tribunal de commerce.

Il n'est pas douteux que si la séparation a été convertie en divorce, il faudra que les époux rédigent un contrat de mariage dans la forme ordinaire établie par l'article 1394 du Code civil. Il faudra, suivant nous, respecter cet article tout entier, tel qu'il a été modifié par la loi du 14 juillet 1850. Il faudra que le notaire délivre un certificat du contrat de mariage, et il faudra que les époux déclarent au moment de la célébration s'ils ont fait un contrat de mariage ainsi que le nom et le domicile du notaire qui l'a reçu. Nous ne pensons pas qu'on puisse dire avec quelques auteurs. « Nous ne voyons même pas si les époux seront assujettis à l'observation des règles ajoutées par la loi du 10 juillet 1850 aux articles 75, 1394 du Code civil. S'ils sont, en effet, astreints à rééditer leur contrat primitif, à quoi bon les y assujettir? Les tiers qui contracteront avec eux sont censés connaître sous quel régime ils sont placés. » (Carpentier, *Du Divorce*, p. 256). Cet argumen-

judice aux tiers. Si donc une personne contracte avec les époux, dans l'ignorance du second contrat, elle pourra invoquer le premier régime matrimonial. Telle nous paraît être la véritable sanction de l'article 295 du Code civil.

tation n'a aucune force pour ceux qui admettent le troisième système, que nous avons exposé sur la sanction de l'article 295. De plus il faut, d'après l'article 1394, que les tiers sachent, à la seule inspection de l'acte de mariage, s'il a été fait un contrat de mariage et devant quel notaire. N'oublions pas en effet que d'après l'opinion commune les époux divorcés peuvent jusqu'à un certain point changer les clauses de leur contrat primitif, qui seraient inconciliables avec les modifications du patrimoine.

Supposons maintenant que les époux se sont réunis, qu'ils ont rétabli leurs anciennes conventions matrimoniales, sans fraude, en vertu de l'article 1451, s'il n'y a eu que séparation de corps, en vertu de l'article 294 s'il y a eu divorce. Dans cette hypothèse encore, se fera sentir l'effet de la substitution du divorce à la séparation de corps.

S'il n'y a eu que séparation, le régime matrimonial adopté par les époux a produit son effet du jour du mariage, sans que, dans les rapports des époux, le temps qui s'est écoulé entre le jugement de séparation et le rétablissement du régime primitif ait pu produire une interruption quelconque. Par conséquent : 1° La communauté qui existait a toujours continué à recueillir les successions mobilières et les bénéfices réalisés par chacun des deux époux ; 2° si les époux étaient mariés sous le régime sans communauté, le mari aura toujours eu la jouissance des biens personnels de la femme, sauf naturellement l'administration intérimaire en vertu de l'article 1449 ; 3° les immeubles dotaux n'ont pu être aliénés et retombent sous la jouissance du mari ; 4° l'hypothèque légale de la femme remonte au jour du mariage.

Si au contraire il y a eu divorce, les effets de la réunion sont différents. La dissolution du mariage a produit des effets qui n'efface pas le second mariage ; les deux reprises ne se soudent point ensemble.

D'où : 1° La communauté qui reprend naissance est une communauté nouvelle, composée suivant la situation de la fortune des époux au jour du second mariage. Peu importe la situation de cette fortune au jour du premier mariage, ses fluctuations au cours de la première union ou après le divorce ; 2° l'immeuble dotal a pu être aliéné ou grevé de droits réels après le divorce, et la nouvelle union ne peut porter atteinte à ces actes ; 3° l'hypothèque légale de la femme remonte au jour de la célébration du second mariage et non pas du premier pour la sûreté de ses apports ; 4° nous avons vu que les époux divorcés peuvent se faire des libéralités, et que ces libéralités sont considérées comme donations entre étrangers, soit au point de vue de la quotité disponible, soit au point de vue de l'irrévocabilité. Nous avons vu aussi que les solutions contraires doivent être données en matière de séparation de corps, qu'il y ait réunion des époux ou non, quel sera l'effet du nouveau mariage sur ces deux questions.

Nous croyons, et les principes le demandent, que ces donations demeurent irrévocables, et que la quotité disponible est calculée d'après la qualité qu'avait le donataire au jour de la donation. Peu importe que l'époux divorcé donataire soit un premier conjoint ou un second conjoint en présence d'enfants d'un premier lit.

Lorsque deux époux séparés de corps se font, au moment de leur réunion, des libéralités ne dépassant pas la quotité disponible fixée par l'article 1094, peu importe qu'ils aient déjà des enfants ou non. La substitution du divorce fait naître, d'après la loi nouvelle, une question, au cas où les deux époux ayant des enfants de leur première union se réunissent par un second mariage. En vertu de l'article 1098, lorsqu'une personne ayant des enfants se remarie, elle ne peut donner à son nouveau conjoint qu'une quotité fort restreinte. L'article 1098 s'applique-t-il dans notre hypothèse? Nous ne le croyons pas. A ce point de vue, il nous paraît impossible de maintenir l'idée qu'il y a deux mariages bien distincts. Il nous semble que dans ces deux unions, il n'y a qu'un seul lit. Du reste, on ne peut nous objecter que l'article 1098 ne fait aucune exception pour le cas qui nous occupe, au principe général par lui posé. Au moment où cet article était rédigé, les époux qui divorçaient ne pouvaient pas se remarier (1).

SECTION II

Effets de la conversion de la séparation de corps en divorce relativement aux enfants.

La séparation de corps et le divorce intéressent non seulement les époux, mais aussi les enfants déjà nés ou à naître de la femme séparée ou divorcée. Ces deux situations diffèrent entre elles sur un grand nombre de points ; sur d'autres, elles présentent les mêmes caractères et nous n'aurons pas à y insister.

---

1. Nous n'appliquerons cette solution au cas où l'un des époux divorcés aurait contracté un mariage avec une autre personne, en aurait eu des enfants, et après la mort de son nouveau conjoint, se remarierait avec son premier époux divorcé. Dans ce cas, évidemment, c'est un mariage subséquent, et vis-à-vis des enfants nés du second mariage ce conjoint divorcé ne pourra recevoir qu'une part d'enfant le moins prenant, et au plus le quart de la fortune du donateur.

1o *Enfants nés avant la séparation de corps et le divorce*. Supposons d'abord que les enfants soient nés au moment où intervient la séparation de corps. A ce moment on appliquait les règles de la puissance paternelle, règles auxquelles on déroge plus ou moins par la séparation de corps. Le divorce intervenant, quelles sont les nouvelles modifications apportées à la situation des enfants vis-à-vis des parents ? C'est là une question qui suppose résolue une autre question délicate. Les articles 302 et 303 du code civil spécialement relatifs dans leurs termes au divorce, sont-ils applicables à la séparation? Il n'y a pas en cette question moins de trois systèmes bien tranchés. D'après certains auteurs, l'article 373 empêcherait l'application des articles 302 et 303, dans toutes leurs parties. Suivant d'autres jurisconsultes les deux articles sont inapplicables en principe; mais comme la séparation de corps donne naissance à une situation de fait particulière, les tribunaux auront un certain pouvoir d'appréciation et pourront en cas de nécessité, et pour le plus grand bien des enfants appliquer des mesures analogues à celle mentionnées dans l'article 302. D'autres enfin, s'appuyant sur la jurisprudence constante applique à la séparation de corps les articles 302 et 303. C'est cette dernière opinion que dès maintenant nous déclarons devoir adopter. Nous allons en

18

donner brièvement les raisons : car la solution de cette controverse et les raisons sur lesquelles s'appuie chaque opinion, est d'une importance considérable pour la solution d'un grand nombre de questions que soulève la conversion de la séparation de corps en divorce.

La question qui nous occupe actuellement présente une grande analogie avec celle qui a été étudiée sur l'article 299. Dans cette discussion, nous avons établi en principe que le législateur dans le chapitre spécial à la séparation de corps, n'avait point déterminé les effets de cette institution, et que pour bien connaître ses effets, il faut se reporter au chapitre du divorce, dans lequel le législateur développe sa pensée sur les effets produits par la rupture de la vie commune, ces effets du divorce peuvent se diviser en trois catégories : ceux qui ont pour base directe les faits mêmes qui donnent lieu au divorce ou à la séparation ; ceux qui sont produits par la rupture de la vie commune ; ceux qui qui dérivent de la dissolution du mariage. Ces derniers très certainement sont spéciaux au divorce ; les deux autres catégories d'effets sont communes à la séparation de corps et au divorce. Or il est de toute évidence que la question résolue par l'article 302, se rattache aux deux premières catégories et non à la troisième. Telle est la raison générale qui nous a guidés jusqu'ici, et nous croyons devoir suivre la même marche, à moins que les textes de la loi soient contraires à cette opinion dans la question spéciale qui nous occupe.

Commençons par écarter le second système qui n'est conforme, ni à l'article 302, ni à l'article 373, les seuls qui se trouvent en présence dans notre question. Par une singulière inconséquence, il (un auteur qui soutient ce système) indique l'article 302, qu'il vient de déclarer inapplicable à la séparation de corps. Si directement on ne peut pas l'appliquer, comment le pourrait-on par voie d'analogie ? » (Laurent, III, 350). Il n'y a de logique, que le premier et le troisième système.

Le premier système nous objecte l'article 373, et s'appuie en outre sur ce principe que l'article 302 *suppose la dissolution du mariage*, et par conséquent qu'on *ne peut l'appliquer à un autre état de chose où le mariage subsiste.* Cette dernière objection manque de fondement. L'article 302 ne repose point sur l'idée de rupture du mariage : « De quoi donc s'agit-il seulement dans les art. 302 et 303 ! de la garde des enfants, et du point de savoir où ils seront placés. Eh bien ! la loi s'est dit : il n'y a plus de centre, *plus de foyer domestique* ! et la présomption est, que les enfants ne trouveront pas le bon exemple près de l'époux contre lequel le divorce a été

prononcé ; elle a donc déclaré qu'ils seraient confiés à l'autre époux ; or, ces deux motifs sont tout
aussi applicables à la séparation de corps. La raison
se refuse à croire que la loi n'ait pas songé en pareil cas, à ce que deviendront les enfants. Il y a
d'autant moins d'inconvénient à y appliquer l'article 302, que sage disposition laisse d'ailleurs aux
magistrats le pouvoir de faire, sur la demande de la
famille ou du ministère public, ce qu'ils jugeront le
mieux pour le plus grand avantage des enfants. »
(Demolombe, IV, 511).

L'article 323 est-il contraire à notre système ? Oui
en apparence, « le père exerce seul l'autorité paternelle *durant le mariage* ». Or, le mariage, ajoute-t-
on, n'est pas rompu par la séparation de corps. A
cette objection deux réponses. L'article 373, comme
tous ceux de ce titre relatifs à la puissance paternelle proprement dite, prévoient les cas les plus ordinaires. Celui où les époux vivent dans l'état de
mariage en bonne intelligence, dans ce cas, le père
exerce la puissance paternelle ; celui où le mariage
est dissous par la mort de l'un des époux, et alors,
la puissance paternelle appartient au survivant. Aucune trace dans ces art. 373-383, soit du divorce,
soit de la séparation de corps. Par conséquent, on
ne peut dire que notre système, qui s'applique à un

cas non prévu par l'article 373, soit contraire à cette disposition de la loi (1).

La seconde réponse à l'objection est la suivante. Dans l'article 302 il n'est pas question de faire passer la puissance paternelle même et tous les attributs de l'un à l'autre, ou surtout à un tiers ; il ne s'agit que de la garde et de l'éducation des enfants, c'est-à-dire de deux choses pour lesquelles il faut essentiellement rechercher la moralité chez celui qui en sera chargé. L'article 373 reste donc vrai dans son principe. Le père seul exerce l'autorité paternelle durant le mariage; cette disposition, pour rester vraie, ne pouvait donc pas être autrement rédigée. Seulement à ce principe général posé au titre de la puissance paternelle il y a dans certaines matières des dérogations plus ou moins nombreuses et profondes (1).

1. Une nouvelle preuve que l'article 373 ne prévoit pas le cas cas de dissolution du mariage par le divorce, c'est que si on interprétait à la lettre ses dispositions, il faudrait dire que en cas de divorce la puissance paternelle est partagée entre le père et la mère; ce qui serait peu pratique et de plus contraire à un grand nombre de dispositions du Code civil sur le consentement au mariage, l'émancipation, etc... Quoi donc y a-t-il d'étonnant à ce que rien dans cette disposition rappelle la séparation du corps.

1. Nous pensons qu'il est inutile de reproduire ici les arguments que nous avons donnés à propos de l'article 299. C'est ainsi que nous aurions pu rappeler que c'est dans notre ancien droit, dans les dispositions relatives à la séparation de corps,

Cette application de l'article 302 à la séparation de corps simplifie maintenant nos explications en ce qui concerne la conversion de la séparation de corps en divorce. S'il s'agit de conversion proprement dite en vertu de l'article 310, il y a lieu en principe de laisser la garde et l'éducation de l'enfant à celui qui avait cette garde avant la conversion. En d'autres termes, la conversion, qu'elle soit demandée par l'un ou l'autre époux, ne produira aucun effet.

Si au contraire le divorce est prononcé pour causes nouvelles au profit de l'époux contre lequel la séparation avait été prononcée, cette substitution du divorce à l'état de fait antérieur va amener des changements dans les rapports des parents avec leurs enfants.

Pour les bien déterminer, il faut auparavant donner la solution d'une question préjudicielle. Quelle est la situation des enfants quand les époux ont des torts réciproques, et qu'en conséquence le divorce est prononcé à la fois contre les deux époux? A notre avis, l'article 302 suppose le cas le plus fréquent, celui où le jugement est prononcé en faveur d'un époux contre son conjoint. Dans ce cas, c'est sous la garde du premier que sont les enfants, sauf application du pouvoir discrétionnaire du juge. En cas de réciprocité de torts, cet article

ne peut plus s'appliquer dans ses termes, et par
conséquent il faut décider ou bien que le père aura
de plein droit la garde, puisque la mère ne pourrait
plus invoquer notre disposition; ou bien, il faudra
dire que cet article 302, dirigé contre l'époux coupable, s'appliquera à la fois contre les deux époux,
puisque les deux en ont encouru l'application.
Alors le père, en vertu de la règle générale aura
de plein droit la garde des enfants, à moins que le
tribunal, sur la demande de l'un des époux ou du
ministère public, ne juge à propos d'accorder la
garde à l'un plutôt qu'à l'autre, ou même de confier
les enfants à un tiers. Nous adopterons cette seconde opinion, car, si on peut dire qu'elle est commandée par le texte même de l'article 302, redigé
pour une hypothèse plus simple, il est certain
qu'elle rentre dans l'esprit qui a guidé le législateur. Cela posé, il nous est facile de répondre à la
question précédente. Lorsque l'époux contre lequel
la séparation a été prononcée et qui a été privé de
la garde de ses enfants, demande et obtient le divorce contre son conjoint, il peut en même temps
s'adresser au tribunal et faire statuer sur la question qui aurait été primitivement résolue contre
lui ; et, suivant les circonstances, les enfants conti-
nueront à être confiés à son conjoint, ou bien la
garde lui en sera remise, si mieux n'aime le tri-

bunal remettre ces enfants à une tierce personne, parente ou non.

Si le jugement de divorce est muet sur cette question, devrait-on dire que l'enfant continuera à être confié à l'époux qui en avait primitivement la garde, ou bien devrait-on, en vertu des principes généraux, les donner au père? Dans le cas de réciprocité de torts constatés dans un même jugement, nous avons adopté ce dernier parti, parce que, en réalité, il ne pouvait être question d'en prendre un autre. Mais ici la situation est un peu différente. En vertu d'un premier jugement, les enfants ont été remis à l'un des conjoints, et, par conséquent, tant qu'une décision nouvelle sur ce point ne sera point intervenue, il sera impossible à l'autre époux de reprendre ses enfants. On ne peut être tenté d'appliquer à la lettre l'article 302, et remettre les enfants à celui qui obtient le divorce, puisque, suivant notre système, cet article est aussi bien applicable à la séparation de corps qu'au divorce (1).

que le législateur a été puiser l'article 302. Nous aurions pu rappeler les paroles de M. Treilhard, disant que le législateur voulait rétablir l'ancienne législation. Toutes ces considérations ont été présentés dans une question précédente, nous n'avons pas à y revenir.

1. Pour ceux qui n'admettent pas l'application de l'article 302 à la séparation de corps, les solutions que nous venons de donner doivent être modifiées. — L'époux, qui avait obtenu la séparation et qui au bout de trois ans demande le divorce, peut

Faut-il donner la même solution en ce qui concerne un autre attribut de la puissance paternelle : nous voulons dire l'usufruit légal des biens appartenant aux enfants mineurs de dix-huit ans. Si nous suivons la doctrine générale qui nous a guidés jusqu'ici, nous devrons dire que non. Cette doctrine s'appuie sur les raisons suivantes : « D'après l'article 384, l'usufruit légal des enfants mineurs appartient,

alors invoquer l'application de l'article 302, et par conséquent, si c'est la femme, elle obtiendra alors, mais alors seulement, bien qu'aucun fait nouveau justifiant cette mesure soit intervenu, la garde et l'éducation de ses enfants. — Si c'est au contraire l'époux défendeur qui demande la conversion de la séparation en divorce, trois opinions, que nous avons déjà rencontrées, sont en présence. D'après les uns on devrait donner la même solution que précédemment. Le divorce dans ce cas est prononcé contre celui qui le demande, et en faveur de celui qui le repousse. Alors il dépend de celui qui s'en est rendu indigne de conserver néanmoins l'éducation de ses enfants. D'après d'autres on appliquerait l'article 302 à la lettre, et alors l'époux innocent se verrait définitivement frappé d'une déchéance méritée par son conjoint. Enfin d'autres auteurs pensent que dans ce cas il y aurait lieu de laisser de côté l'article 302, qui n'aurait pas prévu notre hypothèse. Les enfants seront donc définitivement liés à ce conjoint qui, en vertu d'une double décision judiciaire, a été reconnu indigne. Enfin si nous supposons que l'époux contre lequel la séparation a été prononcée réclame ensuite le divorce pour faits nouveaux, nous nous trouverons, pour la première fois, en présence de l'article 302, et c'est cet époux qui aurait de plein droit la garde de ses enfants, sauf le pouvoir discrétionnaire du magistrat dans les termes de l'article 302 du Code civil. On voit les injustices et les inconséquences que produit le système opposé au nôtre, aussi bien dans cette nature qu'au point de vue des rapports pécuniaires. Cela suffit pour nous en éloigner.

pendant le mariage, au père, et après la dissolution du mariage, au survivant des père et mère. Ce changement apporté en principe par la dissolution du mariage, à l'attribution de l'usufruit légal, présentait une difficulté en cas de dissolution par le divorce, puisqu'alors, malgré la dissolution du mariage, il n'y a pas d'époux survivant, mais deux anciens époux vivant tous deux. Or, puisque l'un de ces époux était coupable et l'autre innocent, il était tout naturel de sortir de la difficulté en attribuant l'usufruit à ce dernier : c'est ce qu'à fait l'article 386. Mais cette difficulté ne se présentait plus en cas de séparation de corps, puisqu'alors le lien conjugal durant toujours, on restait sous le principe général qui attribue l'usufruit au père tant que dure le mariage » (Marcadé, sur l'art. 311, C. c.).

Cette opinion ne nous semble pas absolument logique, et le raisonnement précédent ne nous convainc point. On nous permettra cependant d'énoncer notre opinion avec réserve, puisque, repoussé par tous ceux qui n'admettent à aucun prix l'extension des articles relatifs au divorce à la séparation de corps, elle est encore combattue par un grand nombre d'auteurs dont jusqu'alors nous avons invoqué l'autorité.

L'article 384 est à la vérité bien formel et général, cependant il n'est pas plus général ni formel

que l'article 373 qui attribue au père, pendant le
mariage, la puissance paternelle et ses attributs ;
les droits de garde et d'éducation. Et malgré cela
nous n'avons pas hésité à appliquer l'article 302 à
la séparation de corps. — L'article 386, à la vérité,
apporte une exception à l'article 384 en ce qui concerne le divorce, et cela sans faire allusion à la séparation du corps. Mais n'oublions pas que le législateur n'a presque jamais parlé de la séparation de
corps pour en déterminer les effets, et que nous
avons établi en théorie que les effets pécuniaires du
divorce s'appliquent à la séparation chaque fois que
ces effets ne reposent point sur une idée de dissolution du mariage (1).

L'article 386 repose-t-il sur cette idée? Là est
toute la question. D'après M. Marcadé, dans le pas-

1. Une objection qui, un instant, nous avait fait hésiter, est tirée de la place occupée dans le Code par l'article 386. Cet article fut voté trois jours après le vote du titre du divorce com-
prenant la séparation de corps. Par conséquent le législateur
savait que la séparation existait dans notre Code, et on ne peut
pas dire, s'il n'a mentionné que le divorce, que cela a été par
inadvertance, ne sachant pas si la séparation serait conservée.
Cela ne nous arrête pas parce que la disposition de l'article 386
figurait déjà dans le projet au moment où on n'avait pas encore
décidé de rétablir la séparation. Plus tard cet article est resté
sans modification, bien que dans l'idée qui a guidé le législateur il ait dû être mis en rapport avec la disposition nouvelle
du Code. Il n'y a certainement rien d'étonnant à cela si on se
rappelle la manière dont le Code a été voté.

sage que nous avons cité, il faudrait répondre affirmativement ; car l'article 386 a moins pour but d'établir une déchéance contre un parent coupable que de déterminer auquel des deux anciens conjoints sera attribuée la jouissance légale, l'article 384 ne pouvant plus s'appliquer. Cette théorie nous paraît fausse. C'est bien une déchéance qui est prononcée contre l'époux qui a donné lieu au divorce, et très certainement M. Marcadé lui-même, bien qu'il ne le dise pas, n'accorderait point l'usufruit légal à l'époux coupable après la mort de son conjoint innocent. L'article 386 s'appuie donc, non point sur l'idée de dissolution du mariage, mais sur une idée d'indignité. Or, d'où résulte l'indignité ? Est-ce du jugement ? Non ; mais des faits qui ont donné lieu au jugement pourvu qu'ils soient légalement constatés. Or, les faits d'où résultent la séparation de corps et le divorce sont exactement les mêmes, et par conséquent entraînent la même indignité. Il faut encore aller plus loin et montrer que l'article 386 est en corrélation étroite et parfaite avec l'article 302 du Code civil.

La jouissance légale a été accordée aux parents pour que ceux-ci, qui ont en même temps la garde de l'enfant, le soin de son éducation, et l'administration de ses biens, aient un dédommagement pour tous les soins qu'ils ont dû apporter à cette triple tâche, et aussi pour que l'enfant n'ait point de compte à réclamer de celui sous l'autorité duquel il s'est trouvé plus directement placé. Celui qui a la garde et l'éducation prend librement sur les revenus de l'enfant ce qui est nécessaire pour cet objet, mais s'il n'avait pas la jouissance, il serait limité dans les dépenses qu'il voudrait faire ; il faudrait qu'il justifiât, et cela depuis un temps souvent très long, de toutes les dépenses qu'il a faites, ce qui serait souvent impossible, car un père, une mère, n'est pas un comptable de deniers d'autrui vis-à-vis de ses enfants. Telle est la pensée des auteurs du titre de la jouissance paternelle (1).

Cela étant donné, la corrélation que nous avons indiquée entre les articles 302 et 386 apparaît clairement. Celui contre lequel le divorce est prononcé est privé de plein droit, et en même temps de la garde et de l'éducation de ses enfants aussi bien que de l'usufruit légal. C'est seulement à ce point de vue et dans cette mesure que nous admettons l'idée

1. On ne peut pas raisonnablement objecter au fondement que nous donnons au droit de jouissance légale, que cet usufruit cesse à l'âge de 18 ans, tandis que les droits de garde, d'éducation et d'administration durent jusqu'à l'âge de 21 ans accomplis, à moins d'émancipation. Le Code a peut-être manqué de logique, mais l'idée que avons exprimée n'en est pas moins vraie. Le législateur a peut-être craint que la cupidité de certains parents les portât à refuser l'émancipation ou leur consentement au mariage, si l'usufruit légal durait jusqu'à la majorité.

de Marcadé : puisque l'un des époux est coupable et l'autre innocent, il est tout naturel, la vie commune ayant cessé, d'attribuer l'usufruit à ce dernier.

Cette solution fait disparaître une objection de M. Demolombe à M. Delvincourt qui, dans notre hypothèse, déclare l'usufruit éteint, et la jouissance appartenant aux enfants. « Vous faites aux enfants un déplorable titre d'acquisition, s'écrie l'éminent doyen de la Faculté de Caen, vous les mêlez ; vous les engagez, par leur intérêt personnel, dans les funestes discussions auxquelles il faut, au contraire, qu'ils demeurent étrangers » (Demolombe, IV, 510).

Ce système, dira-t-on, est une nouvelle dérogation à l'art. 384. Nous en convenons ; mais l'article 386 n'est-il pas lui-même une complète dérogation, en matière de divorce, à ce même article, avec lequel il ne peut se concilier, puisqu'il attribue la jouissance légale à la mère qui a obtenu le divorce, après la dissolution du mariage, il est vrai, mais pendant la vie de son conjoint. A moins que, cependant, et cela est logique pour ceux qui veulent interpréter la loi d'après ses termes seuls sans recourir à son esprit, à moins qu'on déclare que pendant la vie du père contre lequel le divorce est prononcé, la femme n'aura jamais la jouissance légale, qui appartiendra alors aux enfants pour passer ensuite à la mère innocente au jour du décès de son mari. Mais alors on encourt le reproche adressé plus haut par M. Demolombe de mêler les enfants par leurs intérêts à des questions qu'ils devraient ignorer. Depuis la loi du 27 juillet 1884, on encourt encore dans ce système un autre reproche formulé par le même auteur.

L'usufruit légal, une fois éteint, ne pourrait plus certainement revivre par la réconciliation des époux or il importe que les époux aient le moyen d'effacer, s'ils le veulent, toutes traces d'un passé, qu'ils seraient disposés à oublier (Demolombe, IV, 510) (1).

1. Nous ne pouvons mieux résumer la réfutation de toutes ces objections du texte absolu de l'article 384 qu'en citant une page assez vive de Marcadé. « La plupart des auteurs, s'en tenant judaïguement à la lettre de notre article, enseignent que, dans quelques circonstances que ce soit, le père seul a droit à cet usufruit légal, tant que le mariage n'est pas dissous. Nous avons déjà critiqué et rejeté cette doctrine. Et en effet, les principes de la logique ne permettent pas d'avoir deux mesures, dont on prendra tantôt l'une, tantôt l'autre, *ad libitum*. Si l'on prend à la lettre notre article 484, qui consacre le droit de jouissance, il faut prendre à la lettre aussi les articles 383 et 389, qui consacrent les causes de cette jouissance ; si l'on admet au contraire (et c'est ce que tout le monde fait), que les textes qui indiquent les causes ne parlent qu'en général et pour les cas ordinaires, il faut bien admettre aussi que le texte qui consacre l'effet (*et qui est écrit dans les mêmes termes*) ne parle également qu'en général et avec le même sens. Ainsi, l'article 373 dit : « *le père seul exerce l'autorité durant le mariage ;* » l'art. 389 dit : « *le père est, durant le mariage, administrateur des biens ;* » notre article dit : « *le père, durant le mariage, a la jouissance des biens ;* » et voilà que d'après les auteurs, les articles 373 et 389 signifieraient *le père, dans les cas ordinaires, et la mère, dans certains cas*

Il est évident que ce que nous avons dit de l'usufruit s'applique à l'administration légale des biens.
Nous n'avons pas de texte, il est vrai, mais cette solution ressort des développemeets que nous avons
donnés sur l'usufruit légal. Comment laisser au père
l'administration dont la mère a la jouissance aux
moins en grande partie.

Le divorce intervenu après la séparation de corps
en vertu de l'article 310 n'aura donc aucune influence quelle que soit la partie qui demande la
conversion. Si au contraire le divorce est prononcé
pour causes nouvelles au profit de l'époux contre lequel la séparation de corps a été prononcée, quel en
sera l'effet. Au moment où intervient le divorce,
l'époux qui avait intenté la première action avait la
garde des enfants et l'usufruit de leurs biens. Après
le divorce nous avons vu que la garde était confiée
soit à l'un des parents, soit à un tiers désigné par le
tribunal. Nous ne pouvons donner la même solution
pour l'usufruit, ne pouvant l'attribuer arbitrairement à l'un des époux également déchus, et l'intérêt des enfants ne pouvant plus ici servir de guide

---

exceptionnels ; tandis que l'art. 384 signifierait : *Le père toujours, et jamais la mère.* Mais qu'on nous donne donc une raison de cette différence ou tout au moins un prétexte. Quant à
nous, nous n'avons jamais rien compris à cette doctrine, nous
l'avouons. » (Marcadé, sur l'art. 384).

dans le choix de l'époux qui sera préféré. Notre solution sera que, dans cette hypothèse, l'usufruit légal
est éteint, les enfants recouvrent la pleine et entière
jouissance de leurs biens.

Sans doute ce qui est nécessaire pour leur entretien et leur éducation sera pris d'abord sur leurs revenus, et en cas d'insuffisance seulement sur les
revenus des parents. Mais s'il y a un excédent de
revenus sur les dépenses, cet excédent sera capita-
lisé et remis aux enfants au jour où ils prendront
la libre administration de leurs biens (1).

Quant à l'administration légale, elle n'appartiendra plus à celui à qui elle avait été remise puisqu'il s'est rendu lui-même coupable des faits qui
entraînent déchéance de la jouissance, et que l'administration ne lui avait été remise que comme co-
rollaire de l'usufruit légal. Cela du moins est absolument vrai quand c'est la mère qui avait obtenu
la séparation de corps. Mais la question est plus délicate quand c'est le père contre lequel le divorce

1. Il va sans dire que les auteurs que nous combattons don
nent des solutions différentes. Ainsi quand il y a conversion de
la séparation de corps en divorce, en vertu de l'article 310, surtout quand c'est l'époux coupable qui la demande, nous retrou-
vons les mêmes systèmes et les mêmes hésitations que relative
ment aux articles 299 et 302. Enfin si le divorce est prononcé
pour cause nouvelle au profit de l'époux défendeur en séparation, l'article 386 ne sera applicable, ce nous semble, qu'à l'encontre de son adversaire.

est prononcé. Nous n'hésitons pas, en vertu des termes de l'article 386, qui prononce la déchéance de l'usufruit, à dire que l'usufruit est éteint. Mais que décider quant à l'administration des biens ; la solution de la première question n'entraîne pas nécessairement la solution de la seconde, l'administration légale pouvant exister là où il n'y a point d'usufruit. Deux solutions seulement nous paraissent possibles : ou bien le père, qui toutes choses égales d'ailleurs est le plus apte à l'administration, et à qui son sexe doit faire accorder la préférence, administrera le patrimoine de ses enfants ; ou bien il faudra suivre les règles de la tutelle (1).

Quant aux autres attributs de la puissance paternelle, la substitution du divorce à la séparation de corps n'y apporte aucun changement. Après le divorce comme après la séparation, le mari conserve ces attributs. Il n'y a donc d'exception que pour ceux que, en vertu du texte de la loi, ou de son esprit, nous avons cru devoir transporter à la mère en faveur de qui la décision de divorce aurait été prononcée. « Ce système est tout à fait logique,

---

1. Il est évident que pour ceux qui pensent qu'après le divorce la puissance paternelle est remplacée par la tutelle, il faut décider d'une manière générale, que, après le divorce, il n'y a plus aucunement lieu à l'administration légale pas plus en faveur de celui qui a obtenu le divorce qu'en faveur de l'autre époux.

car la puissance paternelle n'est qu'un composé de droits différents et les atteintes portées aux uns n'excuseraient pas les atteintes portées aux autres... Cela est d'autant plus vrai, que la puissance paternelle est une puissance éminemment favorable, et qu'il faut, par conséquent, restreindre plutôt qu'étendre les dérogations qui lui sont apportées » (Carpentier, *Du divorce*, p. 301). C'est ainsi que le père conserve le droit d'émancipation, le droit de consentir au mariage, même le droit de correction. Aussi nous ne saurions admettre avec Delvincourt, que si « c'est à la mère que les enfants sont confiés, la puissance paternelle ne peut être exercée que du commun consentement des époux, et que si c'est à un tiers, il faudra en outre le consentement de ce tiers... » (Voy. Delvincourt, T. I, p. 87, note 2).

2° *Enfants nés depuis la conversion.* — Pour terminer les effets de la substitution du divorce à la séparation de corps, il ne nous reste plus qu'une question à étudier. Quelle est l'influence de cette substitution sur la situation sociale des enfants qui qui naîtront de la femme postérieurement à cette substitution ?

D'après le Code civil, quand il y avait séparation de corps, on se trouvait sous l'empire des articles 312-314, en vertu desquels, quand la conception remontait au cours de la séparation de corps, le mari n'avait pas d'autre moyen de repousser la paternité que de démontrer qu'il y avait eu impossibilité physique de cohabitation entre lui et sa femme, ou au moins impossibilité morale, mais alors quand deux circonstances se trouvaient réunies : 1° Recel de la naissance de l'enfant ; 2° adultère commis par la mère. Il est évident que cette situation était douloureuse pour un mari séparé de corps, surtout quand une épouse sans honte affichait sa grossesse. Aussi certains auteurs et des cours d'appel avaient-ils pensé que, conformément à notre ancien droit, la séparation de corps mettait fin à l'application de la *Pater is est quem nuptiæ demonstrant*. Cette solution était manifestement contraire au Code, puisque un article rédigé en ce sens avait été plusieurs fois présenté au Conseil d'Etat et avait toujours été repoussé,

Une loi du 6 décembre 1850, sur la proposition de M. Demante, est venue apporter un remède à cette situation. Lorsque l'enfant est conçu après la séparation de corps, ou même après l'ordonnance du président autorisant la femme à avoir une habitation séparée de celle de son mari, ce dernier peut désavouer l'enfant. On a discuté un moment sur la portée de ce désaveu, pour savoir s'il était péremtoire ou non. La jurisprudence s'est ralliée à l'opi-

nion émise par MM. Valette et Demante, en vertu
de laquelle le désaveu est péremptoire, sauf la faculté réservée à la femme et aux représentants de
l'enfant de prouver qu'il y a eu réunion de fait entre
les époux.

Quand est venu en discussion la loi du 27 juillet
1884 sur le divorce, la commission de la Chambre
des députés avait proposé un article additionnel
consacrant cette doctrine. Cet article n'a pas été
voté, mais il ne faut pas en conclure que la théorie
n'a pas été admise. « La Chambre des députés avait
voulu introduire dans le texte une solution admise
par la jurisprudence sur le caractère péremptoire
du désaveu du mari. En raison de leur résolution
de ne pas modifier le code, même pour essayer d'y
introduire des améliorations (1), les auteurs du con-
tre-projet n'ont pas admis le second changement de
rédaction de l'article 312 (2) proposé par la Chambre ». (Rapport de M. Labiche au Sénat).

Le caractère péremptoire de l'action en désaveu
en vertu de l'article 313, tout en diminuant l'impor-

1. Cette résolution peut paraître un singulier mode de legifé-
rer, et un moyen bien peu efficace d'améliorer notre législation.
C'est vraiment professer un respect exagéré pour le Code civil.

2. Dans toutes les discussions au Sénat et dans le texte même
de la loi du 27 juillet 1884 on renvoie à l'article 312. Cet article
n'a aucunement été modifié et la disposition de la loi du 6 décembre 1850, modifiée par notre loi, forme un paragraphe
ajouté à l'article 313. Du reste cette erreur de numéro d'article
n'a aucune portée pratique, et il suffit de la signaler.

tance des effets attachés à la substitution, ne les fait pas disparaître.

Deux hypothèses peuvent se présenter : 1° l'enfant est né moins de 300 jours après le divorce ; 2° l'enfant est né plus de 300 jours après ce moment.

1° Dans le cas où l'enfant est né moins de 300 jours après le divorce, la conversion de la séparation de corps en divorce ne produit aucun effet. Ce n'est point au jour de la naissance, mais à celui de conception de l'enfant qu'il faut se placer pour apprécier sa situation juridique. Il peut se faire que l'enfant soit né moins de 300 jours après l'ordonnance du président autorisant la femme à avoir une résidence séparée de celle de son mari. Dans ce cas, un désaveu ne serait possible que pour les causes prévues par les articles 312 et 313, § 1. Cette hypothèse se rencontrera bien rarement, car il faudrait que le divorce soit demandé pour une cause nouvelle, et que la procédure durât moins de dix mois après l'ordonnance rendue en matière de séparation de corps.

La plupart du temps la conception aura lieu au cours de la séparation de corps. L'enfant pourra être désavoué par le mari, sauf la faculté pour la mère et les réprésentants de l'enfant le droit de prouver qu'il y a eu, pendant la séparation de corps, réunion de fait entre les époux à une époque où peut se placer la conception de l'enfant, Si la réunion de fait n'a eu lieu qu'après le divorce, par exemple quelques jours ou quelques semaines après, la naissance se plaçant vers le trois centième jour après le divorce, vainement la mère voudrait-elle administrer la preuve de ce fait. Car, quand même on déclarerait que la conception est le résultat de cette réuuion, la conséquence en serait seulement de placer l'enfant dans une situation analogue à celle de l'enfant né plus de 300 jours après le divorce, c'est-à-dire conçu après la dissolution du mariage, mais jamais de faire déclarer l'enfant fils légitime du mari. Il y aurait en realité une sorte de recherche de la paternité naturelle, reeherche interdite par l'article 340 du Code civil.

2° L'enfant est né plus de 300 jours après le divorce. Dans ce cas, la substitution du divorce à la séparation produit un effet considérable. Si l'état de séparation eût persisté, l'enfant, sans doute, aurait pu être désavoué ; mais il aurait dû l'être. Si le père avait négligé de remplir cette formalité, et cela dans le délai généralement assez court de l'article 316, l'enfant aurait eu la qualité d'enfant légitime. Si, au contraire, le divorce a été substitué à la séparation, l'enfant né plus de 300 jours après cette conversion, est conçu en dehors du mariage, de là les conséquences suivantes qui sont d'une importance capitale, et qui dérivent de l'article 315.

« La légitimité de l'enfant né trois cents jours après la dissolution du mariage, pourra être contestée. » Ici, il ne s'agit plus d'une action en désaveu, qui doit être intentée en principe dans le mois qui suit la naissance de l'enfant, il s'agit d'une action en contestation de légitimité .

Or cette dernière action est bien différente de la première, soit dans ses conditions d'exercice, soit dans ses effets. D'abord, elle n'est plus soumise aux délais stricts des articles 316 à 318. Le mari divorcé pourra donc l'intenter dans le délai ordinaire des actions. Il faut même aller plus loin et déclarer que le mari divorcé n'aura pas besoin de l'intenter ; on ne pourra jamais invoquer contre lui son silence. Sans doute, si l'enfant de l'époux divorcé vient, s'appuyant sur une prétendue qualité d'enfant légitime, réclamer les droits de fils, il faudra bien que le mari repousse cette prétention, mais il pourra le faire à toute époque où elle se produira. De même, ses héritiers auraient trente ans à partir de l'ouverture de la succession pour réclamer à cet enfant les biens dont il se serait emparé sans droit.

Quant aux effets des deux actions, ils diffèrent essentiellement. S'il n'y a eu que séparation, l'enfant désavoué est un enfant adultérin, qui, de par la loi, ne pourra jamais recevoir de sa mère que des aliments, sans pouvoir être reconnu, ni plus tard légitimé. Si, au contraire, il y a eu divorce, l'action aura pour seul résultat de constater que la conception de l'enfant se place en dehors du mariage, qu'il est enfant naturel. Il pourra être reconnu par ses parents, puis, plus tard légitimé et même comme enfant naturel il pourra recevoir des libéralités de sa mère au moins jusqu'à un certain taux.

POSITIONS

A. — *Droit romain.*

I. — Il n'y a pas antimonie entre la loi 3, § 4 Dig. *de mi_noribus*, et la loi 4 § 4, Dig. *Quando de peculio.*

II. — Le droit de demander la séparation des patrimoines appartient même aux créanciers à terme ou conditionnels.

III. — Les droits, autres que ceux du juge ou de l'hypothèque, constitués de bonne foi par l'héritier sont opposables aux créanciers du défunt qui ont depuis obtenu la séparation des patrimoines.

IV. — Le créancier héréditaire perd son droit à la séparation des patrimoines par cela seul qu'il suit la foi de l'héritier, même s'il n'est intervenu entre eux aucune novation.

V. — Le bénéfice accordé par Ulpien dans la loi 1 § 5, *de separat.*, aux créanciers de l'héritier qui accepte de mauvaise foi une succession insolvable, est un cas particulier de séparation des patrimoines et non point une application de l'action Paulienne.

VI. — Il y a antinomie entre les lois 1 § 17 et 5, Dig. *de separat.*, d'un côté et la loi 3 § 2 au même titre.

B. — *Droit civil.*

I. — Le délai de trois ans fixé par l'article 310 pour la conversion de la séparation de corps en divorce s'impose même à ceux qui ont obtenu la séparation avant la loi du 27 juillet 1884.

II. — Les époux séparés de corps peuvent, sans attendre le délai de l'article 310, demander le divorce pour faits survenus depuis le jugement de séparation.

III. — Le demandeur en conversion n'est pas obligé de présenter en personne au président du tribunal la requête d'instance.

IV. — Celui des époux contre lequel la séparation de corps a été prononcée peut, en principe, demander la conversion au bout de trois ans, même dans le cas où, au moment de l'instance en séparation, cet époux n'aurait pas pu se porter reconventionnellement demandeur.

V. — La déchéance établie par l'article 299 du Code civil est encourue par celui des époux contre lequel la séparation de corps est prononcée.

VI.—Lorsque le jugement de conversion est rendu contre l'époux qui avait obtenu la séparation de corps et que ce jugement est muet sur la garde des enfants, cette garde reste à celui des époux à qui elle avait été attribuée par le jugement de séparation.

Positions prises en dehors de la thèse.

A. — *Droit romain.*

I. — Sous Justinien, quand le père recueille le *peculum castrense* de son fils décédé sans postérité, il le recueille à titre de succession.

II. — La nature d'une servitude (urbaine **ou** rurale) se détermine par la nature du fonds dominant.

III. — La prohibition d'hypothéquer le fonds dotal ne provient pas de la loi *Julia*, mais n'est qu'une conséquence du senatus-consulte Velléien.

IV. — Même sous Justinien, les pactes et stipulations ne sont pas suffisantes pour constituer le droit réel de servitude.

V. — L'obligation du fidejusseur qui excède l'obligation principale est nulle.

B. — *Droit civil.*

I. — L'interdit judiciaire conserve pendant les intervalles lucides l'exercice des droits dont la jouissance ne peut être séparée de l'exercice.

II. — La séparation des patrimoines ne fait pas obstacle à la division des dettes du défunt.

III. — L'acceptation sous bénéfice d'inventaire, faite par l'héritier, n'empêche pas les créanciers héréditaires d'avoir un intérêt sérieux à prendre l'inscription de l'article 2111.

IV. — La dot mobilière est aliénable.

V. — La légitimation d'un enfant né de parents entre lesquels le mariage est prohibé pour cause de parenté ou d'alliance, ne peut pas résulter du mariage contracté ensuite par eux en vertu de dispenses.

C. — *Droit criminel.*

I. — La mort du mari après sa dénonciation n'arrête pas la poursuite en adultère.

II. — L'acquittement d'un accusé, en cour d'assises, n'est jamais un obstacle à sa condamnation à des dommages-intérêts en faveur de la partie civile.

D. — *Procédure civile.*

L'assignation à comparaître « dans le délai de la loi » est nulle comme insuffisante.

E. — *Droit des gens.*

L'hôtel de l'ambassade ne peut être considéré, en vertu d'un prétendu principe d'exterritorialité, comme une dépendance du pays de l'ambassadeur.

F. — *Droit public.*

L'arrêté de conflit ne peut émaner que du préfet du département où siège le tribunal de première instance saisi du litige.

Vu par le Président de la Thèse :
BUFNOIR.

Vu par le Doyen de la Faculté :
CH. BEUDANT.

Vu et permis d'imprimer :
Le Vice-Recteur de l'Académie de Paris :
GRÉARD.

TABLE DES MATIÈRES

DROIT ROMAIN

De la séparation des patrimoines.

DROIT FRANÇAIS

De la conversion de la séparation de corps en divorce.

Laval. — Imp. et stér. E. JAMIN, 41, rue de la Paix.